大学入試問題集

関正生の

英文解釈

ポラリス ◆ POLARIS 1

標準~応用レベル

関正生 著

はじめに

「ポラリス」とは？

北極星は常にその位置を変えず、1年を通して光り輝きます。昔の旅人にとっては、方角を知るための大切な道標でした。

「英文解釈」というものが一体何なのかを教えてもらえないまま、ただ「大事だからやりましょう」としか言われず、何をどうしていいかわからない高校生・受験生がきっとたくさんいるはずです。

そういった人にどこへ進むべきかを教えてくれる、旅人の道を照らし出す北極星のような存在になればという願いを込めて、「北極星」という意味の「ポラリス (Polaris)」がこの本の書名に使われています。

本書ではいきなり問題演習に入るのではなく、まずは「英文解釈とは何なのか？」を明確に解説していきますが (Chapter 0)、その内容をここで一言でまとめるなら「英語が読める人の"思考法"を言語化して解説したもの」と言えます。

先人が書物として残した言葉はもちろん、今現在、世界の最先端をリードする人物が活字にした鋭い言葉を"極めて正確に"理解するための力を、この『英文解釈ポラリス』で養成していきましょう。

想定読者とシリーズ2冊のレベル

英文解釈の位置づけとしては「文法以上、長文未満」と言えるので、「文法→解釈→長文」という流れが理想ではありますが、それでは間に合わないという受験生は、文法にある程度メドが立ったら解釈を始めてOKです。特に以下のような思いを1つでも抱えている人が本書に向いています。

> ①英文法の知識（関係詞・分詞構文など）を長文でどう活用するのかわからない……
> ②いきなり長文をやるのが不安……
> ③長文ではいつも「なんとなくわかったような」感じ……

また、『英文解釈ポラリス』はシリーズ2冊で構成されています。

レベル1から取り組むことをオススメしますが、品詞や句・節などをしっかり理解できていれば（いきなり難しい演習に取り組めそうなら）レベル2から入ってもOKです。

レベル1　標準〜応用レベル

最初は句・節の基本から解説。標準レベル（日東駒専レベル）の英文から入り、メインとしてはGMARCH・国公立大（旧帝大を除く）レベルの英文を正しく読める力を養成していきます。

レベル2　発展レベル

文法・品詞の知識は当然のものとして、ある程度ランダムに英文に取り組んでいきます。基本確認としてGMARCH・国公立大レベルの英文も含まれていますが、メインとしては早慶上智・旧帝大などの超難関国立大レベルの英文を正しく読める力を養成していきます。

謝辞

この本が読者に届くまでに関わってくださったすべての皆様に感謝いたします。特に、株式会社KADOKAWAの原賢太郎さんとは、企画会議の段階から色々と意見を交わし、「英文解釈とは一体何なのか？」「意訳とは何なのか？」など、読者を代弁した疑問を挙げていただき、本書の根幹とすることができました。

また、『ポラリス』シリーズを最初にプロデュースしてくださった細田朋幸さん、10年以上僕の原稿をチェックしてくださっている城戸千奈津さんのご尽力にも感謝しております。

そして、こうして第6弾までくることができた『ポラリス』シリーズを使ってくれた高校生・受験生にも感謝いたします。本当にどうもありがとうございました。今この本を手にしているみなさん自身が、この本で強固な英語力をつけて、最後は志望校に受かることを祈り、確信もしております。僕自身、高3の始めに出合った「英文解釈の考え方」に強烈な感動を覚え、そこから英語を読む力が強靭なものになりました。みなさんも同じ体験ができるように本書を書きました。頑張ってくださいね。

関　正生

本書の特長

英文解釈の正体を突き止める

「そもそも英文解釈って何なの？」という、明確に回答されることがない疑問に、本書での考えをハッキリさせました（Chapter 0）。

また、全体を通じて「自分の頭でどう考えるか？」という英文解釈の発想を身につけられる視点から解説をしています。

学習効率抜群のオリジナル英文

英文解釈は「一文を正確に理解する力」を養うものなので、長い文章での勉強には無駄が生じます。入試問題からの抜粋に無駄・無理があるときは、オリジナルの英文を作成することで、密度が極めて高い英文で学習することを可能にしました。

受験生が求める無駄のない解説

いくら英文解釈といえども、1単語ずつの品詞分解 (in the room を「前置詞・冠詞・名詞」のように表記) はクドいでしょう。時間も集中力も限られているわけですから、本書では膨大な数の受験生を教えてきた経験値に基づいて、受験生にとって絶妙なラインの解説を施していきます。

方針・用語・表記の統一

英文の構造解析にはカッコを多用するのが便利です。しかし、本によって品詞別のカッコがバラバラです。たとえば英文解釈の本では名詞節に [　　] を使っていたのに、次に取り組んだ本では<　　>を使っていて、その後の長文の本では(　　)なんてことがよくあります。しかし『ポラリス』シリーズ（解釈編だけでなく長文編4冊すべて）はもちろんのこと、僕の著作は（出版社の垣根を越えて）すべてカッコの使い方が統一されています。さらにはカッコだけでなく、説明の仕方・用語の表記などもすべて同じ方針なので、無駄なことで戸惑うことなく、何よりも「相乗効果」が期待でき、「復習」にもなります。

※本書のカッコのこだわりは35ページで。

本書の使い方

まずは「英文解釈の基本」を完全理解する
Chapter 0で「英文解釈の取り組み方」と「品詞・句と節」の基本を確認してください。英文解釈に必要な知識が体系的に整理できるはずです。

英文にトライ（別冊2ページから）
Chapter 1から英文に取り組みます。普通に読んでいけばOKですが、本書は「英文を正しく読める」力を養うわけですから、構造把握（文型・SVなど）を意識してください。英文は何度読みなおしてもOKです。そして、必ず和訳を書いてください。実際に書こうとすることで、細かいところでつまずいたり、自然な日本語にすることに苦労したりして、自分の弱点・課題が浮かび上がり、解説の吸収力が格段に上がります。

ヒントの活用
英文解釈の問題集では、英文に下線や太字を入れることがあるのですが、入試の英文では当然そんなことはないわけで、最初は"まっさら"な気持ちで英文に触れてほしいという考えから、本書では問題文に手を加えることはしていません（もちろん解説ではカッコを使います）。ただし、ヒントとして「ナビ」をつけたので、何度読んでもポイントがわからない場合はそれを活用してください。

辞書で語句確認
知らない単語は「構造把握の後」に「知りたい単語から」辞書で確認してみてください。特にこだわらなければ（学校の授業の予習ではないので）無理に単語を調べる必要はなく、解説に進んでOKです。

解説を熟読（本編39ページから）→音読へ（音読の方法は25ページ）
解説は「考え方」を中心に、しっかり読み込んでください。その後に仕上げとして、英文を音読してください。本書は好きなペースで進めてOKですが、音読がきちんとこなせるペースにするといいでしょう。

CONTENTS

Chapter 0 | 英文解釈の正体

Chapter 1 | 句と節の意識 (基本の確認)

本文デザイン／ワーク・ワンダース
イラスト／けーしん

英文解釈の正体

この章は単なる前置きではありません。英文解釈とは
一体何なのか、どう考えるべきか、そしておそらくこ
れまで整理されることのなかった「品詞から英文解釈
への流れ」を明確に示していきます。少し長いですが、
「英文に対する考え方」が確実に変わりますよ。

英文解釈の正体とメリット

「ネイティブの頭の働かせ方」をインストールする

英文解釈に関して、従来の指導にはいくつもの問題点があると考えます。以下、その問題点を説明しながら、どうすべきなのかまでしっかりと説明していきます。漠然と問題集をこなす人が多い中、みなさんは英文解釈の意義を理解することで学習効率がはるかによくなるはずです。

▶ 問題点 (1)「そもそも英文解釈って何?」が明確に語られない

「英文解釈」に明確な定義はないのですが、だからといって指導者側が何も言わない現状はよくないと思います。僕なりの考えとしては「英文解釈」は以下の3点に集約されます。

> ①品詞を意識すること、特に英文法の各単元を「基本4品詞」の観点から捉えなおすこと
> ②主語+動詞や修飾関係を把握して、英文の「文型」を判別すること
> ③上記の解析作業に基づいて英文の意味を理解すること

要は「意味を理解するために英文を分析すること」なのですが、その分析の過程において、「品詞と文型」を駆使することになります。

英文法の授業で「関係代名詞は接続詞と代名詞の働きを兼ねるもの」と習った人は多いと思います。確かにその説明は正しいのですが、それだけだと「で?」と思ってしまいませんか。「長文で使える知識」は「関係代名詞は形容詞節をつくる、つまり前の名詞を修飾する」ということです。それによって、英文中に関係代名詞が出てきたときに「形容詞の働きをするんだな」と判断できるわけです。このように「基本4品詞（名詞・形容詞・副詞・動詞）」の観点から考えていくことで、英文法の知識が「長文で使える」知識に昇華されるのです。

その上で、英文全体が「どの文型に属するのか?」を考え、その解析作業に基づいて英文の意味を理解していくことが英文解釈なのです。

以上のことは「"英文を読むときのネイティブの頭の働かせ方"をみなさんの頭の中にインストールする作業」とまとめることもできます。

※今の段階では「なんか面倒そうだなあ」と思う人も、解説を通して理解できていくのでご安心を。

▶ 問題点（2）「英文解釈のメリット」が具体的に語られない

僕の考えでは「長文を"正確に・速く"読めるようになる」というのが英文解釈の大きなメリットです。「正確に・速く」を具体的に説明すると以下の4点になります。

①正確で緻密な読解力がつく

英文解釈を学び、主語・動詞・修飾語などを把握することで「正確に」読めるようになります。和訳問題で高得点を取れるのは当然として、英文を正確に読めることで、理解度が格段に上がります（内容一致問題でも微妙なひっかけの選択肢でミスしなくなります）。

②左から右にスムーズに読めるようになる（返り読みしなくなる）

英文解釈の力を上げると、英文の構造把握や予想（「主語が出てきたから次は動詞がくる」などの予想）ができるようになります。それによって返り読みがなくなり、英文の処理スピードが格段に上がります。英文の先頭から読み始め、ピリオドがきた時点で英文の理解が終わります。

③単語が難しくても打開できる

単語が難しくて文の意味がさっぱりわからないときに「形から攻める」という方法が使えるときがあります。単語が難しかったり、英文の内容が抽象的なときほど、多くの人がアセッて単語だけで考えようとする（そして単語力勝負に負けてしまう）のですが、「単語がわからないからこそ、わかること（文構造）から少しでもヒントを得ようとする姿勢」は今後必ず役立ちますよ。

④文法問題でも頻出

文法問題（4択・空所補充・整序・正誤などあらゆる形式）で、英文解釈で必要な「品詞の理解・英文構造の把握」などの力が問われることが多々あります。そういった問題が正確に解けるようになります。

▶ 問題点 (3) 英文解釈の勉強は「出口」が曖昧

英文解釈の問題集で「出口（解説・和訳を読んだ後にどうすべきか）」が明確に示されることはほとんどないので、学習者はなんとなく和訳例を見て「まあ、自分の訳でもいいのかな」くらいに考えるしかないのです。本書では「勉強の出口」を詳しく説明していきます（具体的には23ページで）。

▶ 問題点 (4)「英文法の説明」が多くなる

特に標準レベルの問題集では、英文解釈のはずなのに「説明の多くが英文法の本と同じ」ということがあります。たとえば「助動詞＋動詞は1つの動詞と考える」「過去分詞の役割の1つが現在完了形で、もう1つが受動態で……」という説明は完全に英文法の範疇です。

英文解釈の問題集で取り上げられる問題は、①完全に英文法で学ぶもの、②英文法の内容だが必ずしもその重要性は強調されないもの、③純粋に英文解釈の内容、という3つに分けられます。

①を多く扱うのは英文解釈の勉強ではありませんので、本書は英文法の確認が必要なときに触れる程度です。

②については、たとえば関係代名詞whatが挙げられます。おそらくみなさんは「関係代名詞whatは先行詞を含んだ関係代名詞」とか「『もの・こと』と訳す」などと教わったはずです。これは間違いではありませんが、関係代名詞whatの最大のポイントは「名詞節をつくる」ということです。「名詞のカタマリになる」とわかれば「先行詞を含む（名詞を含む）」と言われても「そりゃそうだ」と納得できますし、名詞のカタマリなんですから、名詞のように「もの・こと」と訳せることもわかります（ちなみに「もの・こと」以外でも名詞ならどんな訳でもOKなんです）。このように学んでおくと、英文法の知識が英文解釈でそのまま活きてくるのです。こういった解釈の視点も、必要なことは本書でも取り上げます。

当然、③は英文解釈のメインなのでしっかりと扱っていきます。

頭の働かせ方を学ぶ

「品詞の知識」を駆使して、「頭の働かせ方」を学んでいくのが英文解釈です。ですから、単に「強調構文に気づけたかがポイント」と言うだけでは解説とは言えません。大事なことは「自分でどう気づくのか？」「どう考えればその結

果にいたるのか？」といった、英文を読むときの「頭の使い方」なので、本書ではそこにフォーカスしていきます（その結果、説明がクドく感じられるかもしれませんが、それによって「英文を読むときの正しい頭の使い方」が習得できるわけです）。

さらに、英文をあっちこっち見るような「逆算式」の発想を教えることもありません。僕が高校生のとき（1990年代）は、「まずは動詞を探せ」なんて教え方が有名でした。しかし英文は前から読むものであり、まずは動詞を探すような読み方はバカげています。そんな読み方では「英語を読むスピードが下がる（動詞を探した後に前に戻るので）」「リスニングで通用しない（リスニングで「まず動詞を探す」のは不可能なので）」からです。

さて、頭の働かせ方の例として1つ、「これぞ英文解釈」とも言える英文を解説してみましょう。まずは以下の英文がどういう意味になるのか、じっくり考えてみてください。

▶ 例題　以下の英文を和訳してください。

Hurt people hurt people.

（成蹊大学）

これは何かひっかけを狙ったものではなく、大学入試の長文で普通に出てきた英文です。この英文を見たときに英語を正しく読める人間が「どう考えて意味を把握するのか？」を知ることが英文解釈の勉強です。

今回は例題なので、いくつかの可能性を考えてそれをしっかり検証していきます。
まず文頭のHurtですが、これは無変化動詞（hurt-hurt-hurt）です。今回の英文では何形だと思いますか？ それによって3つの可能性が考えられます。

(1) Hurtを動詞の原形と考えた場合

①命令文になる
②Hurt peopleで「人を傷つけなさい」となるところまではOK

③その後の hurt people の説明がつかない（hurt が過去分詞で、前にある people を後ろから修飾すると考えても、文末の people が余ってしまう）

(2) Hurt を現在形や過去形と考えた場合

①現在形や過去形で文が始まることはないので即アウト

(3) Hurt を過去分詞と考えた場合

①過去分詞 Hurt が直後の名詞（people）を修飾している
②Hurt people が主語で、hurt は動詞（その直後の people は目的語）
③述語動詞 hurt は「現在形か過去形」のはず
④現在形「傷つけられた人は、人のことを傷つける（ものだ）」
　過去形「傷つけられた人は、人のことを傷つけた」
※後は実際の長文の中で前後の流れ・内容から判断します（それを吟味して判断すれば OK で、④まで考えられれば合格です）

⚠ 解 析

| <Hurt people> hurt people.
　　S　　　　V　O

ちなみに実際の英文では、Be aware that hurt people hurt people. となっていたので、「(3)④現在形」の解釈が文脈に合います。現在形は「過去・現在・未来すべてに起こることに使われる」ので、「（精神的に）傷つけられた人は（いつも）人のことを傷つけるものなのだ、ということに注意しなさいね」という解釈が適切だとわかります。
※他の可能性も考え出すとキリがないのですが、以上のようにあれこれと考えながらベストの道を選択していく「英文解釈の雰囲気」が伝わればここでは十分です。

和訳例

傷つけられた人というのは、人のことを傷つけるものです。

「英文解釈の力を上げることで、英文を速く読めるようになる」のは、構造把握や予想ができるようになるからだとお話ししました（13ページ）。実はその他にも「句・節をきちんと分析できるので、カタマリで英文を読める」という理由もあるのです。脳内での処理が、単語ごとではなく、カタマリの単位でできるようになるのです。この「カタマリで処理する」というのは、簡単な英文であればすでにやっていることです。これを証明するためにユニークな実験を紹介しましょう。次の英文を読んでみてください。

I'm too tierd to wtach a moive now. Waht is mroe, I've alradey seen taht one.

何か変なことに気づきましたか？ 実は所々つづりが変なのですが、それでも英文の言わんとしていることはわかったと思います。これはつまり、普段から（単語の1文字ずつより）単語全体を認識するようにしているということで、さらには、too tired・watch a movie・What is more のようなよく使われる表現もカタマリで認識しているということなのです。

▶ **正しい英文**

I'm too tired to watch a movie now. What is more, I've already seen that one.

すごく疲れていて、今は映画を見られないよ。しかも、その映画はもう見たことがあるんだ。

英文解釈の「入口」
（英文への取り組み方）

問題に取り組む際の心構え（「構造」での心構え）

英文解釈は「英文の構造を理解すること」が目的なので、英文を読むときは「まずは構造を意識する」ようにしてください。

▶「構造」での心構え

① 「品詞」を意識しながら読み進める
② "SV" を見つける
③ 「文型」を判断する（"V" や "V の後ろの形" から判断）

英文を読みながら、①カタマリごとに品詞を判断して（たとえばbecause sv のカタマリは副詞の働き）、②最初に出てくる名詞を主語（S）の第一候補として、それに対応する動詞（V）を探します。特にSVだけは必ず見つけるように心がけてください。

次に、③Vを見たら（可能な範囲でいいので）文型を予想します。たとえばmakeを見たときはSVOCを予想してください。単に「『作る』かな」と思い込んでしまう大半の日本人と、「SVOC（make OC）の形になるかも」と考える人では、今後の英語力の伸びがまるで変わってきます。ただし、あくまで「予想」にすぎず、「後で修正する可能性はある」ので、あまりムキになる必要はありません。

問題に取り組む際の心構え（「和訳」での心構え）

和訳の作業の「大前提」として、「英単語を1つずつ日本語に置き換える」というより、「文の意味を伝える」という意識が求められます。多くの人が（特に初級レベルでは）英語を日本語に置き換えて、その日本語を見てから「理解」するのですが、これはプロセスがまったく違うのです。

×）英文 → 日本語に訳す → 訳した日本語を読んで文意を理解する
◎）英文 → 英文の意味を掴む → その文意を伝える日本語に置き換える

つまり英文を読んでいる時点でどんな意味なのかを理解できるようになってほしいのです。もちろんこれはすぐにできるようになることではないので、それをこの本で訓練していくわけです。このゴールを知らずにただ闇雲に英文を読み、なんとなく日本語にしていくだけでは「辞書を引いて和訳したけど、自分でも何を言ってるのかわからない」ということが起きます。

※学校の授業の予習なら「とりあえず辞書を引いて日本語にした」という努力を評価してもらえるでしょうが、入試では「点数」になりません。

文構造を日本語に反映させて、それが英文の意味を伝えていれば完成です。つまり他の人がみなさんの書いた日本語訳だけを見て「あ、そういう内容なのね」とわかるなら合格です。

以上を踏まえて、和訳での心構えを確認してみましょう。

▶「和訳」での心構え

①理解：英文の意味を（日本語にする前に）しっかり理解する
②直訳：文構造をきちんと反映させる
③意訳：文意をより正確に伝えるために日本語訳を改善する

①理解：英文の意味を（日本語にする前に）しっかり理解する

日本語を読んで理解するのではなく、単語・文法・構造を意識して、英文がどんなことを言っているのかを理解するように努めてください。

②直訳：文構造をきちんと反映させる

よくある間違った発想が、せっかく構文をとったのに、いざ和訳となると文構造を無視して、ただ単語をつなぐだけになってしまうことです。

正しくは、構造（SV・文型・節・修飾関係など）を把握したら、それを「ガイド」にして和訳していきます。英文の構造が「どのように和訳すればいいのか？」を導いてくれるのです。たとえば「ここは主語だから『が』をつける」とか「副詞節だから動詞を修飾するようにする」といったことが構造からわかるのです。このように英文の構造をそのまま日本語に置き換えたものが「直訳」です。直訳は「文構造に忠実に訳したもの」であって、単語をつないだ雑な日本語のことではありません。

③意訳：文意をより正確に伝えるために日本語訳を改善する

「意訳」という言葉が授業・問題集でハッキリ定義されることはないので、なんとなく「日本語力と読書量にモノを言わせた綺麗な、こなれた和訳」だと思われています。しかしそれでは「意訳できる人はできるし、できない人はいつまでもできない」という状態になってしまいます。

※本書の編集者は受験生時代、予備校の先生から「君のは意訳じゃなくて異訳・違訳だ」と言われている受験生をたくさん目撃したそうです。そう言われるだけでは何も解決しませんよね。

そこで本書では「意訳には3種類ある」という考えで進めていきます。

▶ 意訳の種類

（a）常識範囲での意訳
（b）英語の法則に 則 った意訳
（c）文脈に合わせた意訳

(a) は「常識範囲で自然な日本語にする」ことです。「言っていることはわかるけど、普段そういった日本語はあまり使わない」というときに、自然な形に修正するものです。

たとえば、直訳で「大幅な見直しを生じさせる」と訳したとしましょう。これでも内容は伝わりますが「見直しを生じさせる」が硬いので、「大幅な見直しが必要になる」などとするわけです。

※これはある程度、常識・国語力によるものですが、それに自信がなくても、今後そういったことを意識しながら解答例を見ていけば自然に鍛えられますよ。

(b) は「英語の法則」を利用するものです。「きちんと英語の理屈に則って日本語の自然さを上げる」わけです。たとえば、SVOCの形で、Sは「Sによって」のように副詞っぽく訳せることが有名です。これは英語の法則なので、それを知っていれば必ずできるものです。このような法則を本書で解説していきます。

※その中でも特に大事なのが「名詞構文」で、これをマスターすると自然な日本語訳にする力が劇的に上がります（Chapter 10）。

(c) は、長文の中で適切な訳し方をするものです。たとえばphysical「物理的な・

身体の・実際の」という単語をどう訳すかは、前後の英文の内容を考えれば決まってくるものです。これは本格的に長い英文に取り組むときに出てきます。

よくある質問「どこまで意訳していいの？」

この質問はよく出るのですが、回答は指導者によって違います。僕の回答は「根拠がある限りは意訳可能」というものです。「英文の構造上こうだから」などの根拠がある限りは、どこまでも意訳していいと言えるでしょう。

一例を出すと、僕はremind・convince・persuadeなどの語法をtell型としてまとめています（詳しくは194ページ）。僕がこのようにまとめたのは「同じ形をとる」からですが、さらに「tell型の動詞はすべてtell（伝える）と同じ意味」とまとめることができるのです。つまり、remindは「思い出させる」というのが辞書・単語帳の訳語ですが、「予定を思い出させる」とは「予定を伝える」ことですね。convince「確信させる」も、「何かを伝えて確信させる」ということですし、persuade「説得する」も「伝える」です。もしこういった動詞の意味を忘れた、もしくは意味を知っていても日本語訳がしっくりこないときは、「伝える」と意訳すれば綺麗な日本語になることが多々あるのです。

さらに、他のtell型動詞の意味で代用することもできます。たとえばpersuadeを辞書で引くとハッキリと「確信させる」とか「convinceと同じ意味」と書いてあるものが多いのです。こういった場合、「tell型動詞なのでこう訳していい」という根拠があるのです。

※この語法の法則は僕が独自にまとめたものなので、「オリジナルの法則を根拠に使っていいの？」という不安があるかもしれませんが、教室の中で話すだけでなくこうして出版している以上、「実際に使える」根拠しか提示しませんのでご安心を。

ここまでの話で「直訳・意訳」に関する世間での勘違いがわかったかと思いますが、以下にまとめておきます。

	世間での誤解	受験生に必要な姿勢(本書の回答)
直訳とは？	英単語を日本語に置き換える	構文をそのまましっかりと反映させる
意訳とは？	日本語力と読書量だけに頼って、自然な日本語にする	常識で判断／英語の理屈に従って、日本語の自然さを上げる／文脈に適した表現を選択する

ちなみに、本編での各解説にある「直訳」は「かなりカタいものの、ギリギリ合格ラインの訳」を目安にしました。「意訳」のほうが「模範解答例」です。みなさんは「直訳以上、意訳以下」を目指せばいいでしょう。

「直訳でそのまま文意をきちんと伝え、日本語としても自然」なら直訳で十分ですが、自分でも言っていることがよくわからない直訳では、入試の採点者からOKをもらえるとは思えませんよね。

また、「意訳するときにきちんと根拠を示してくれる英語の先生・問題集」を見つけて、それをモデルにするのもいいでしょう。試験でも「そのモデルならどこまで意訳するか」を想像するわけです。

※モデルは1つに絞る必要はありませんが、仮に綺麗な和訳であっても根拠を教えてくれない場合は上達の仕方がわからないので、モデルにしないほうがいいでしょう。

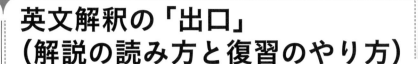

英文解釈の「出口」 （解説の読み方と復習のやり方）

※ここは「問題に取り組んだ後」に読んでも OK です。

和訳チェックではどこに気をつけるのか？

英文解釈の勉強では、自分の和訳と和訳例を照らし合わせて「なんとなく言っていることが同じだから、これでいいかな」と判断しがちです。そもそも答え合わせのやり方なんて習ったことがないでしょうから仕方のないことです。

大事なことは「英文を見たときの考え方・構造分析の方法」を確認することです。和訳はオマケにすぎません。考え方がしっかりしていれば、正しい和訳は必然的に導かれるのです（もちろん単語を知っていることが前提ですが）。以下の3つの視点からチェックするようにしてください。

【チェックすべきこと】

> ①「英文を見たときの考え方」が合っていたか（解説と同じように英文を捉えたか）？
> ②英文の「構造分析（品詞やカッコのつけ方）」が合っていたか？
> ③和訳に「文構造」が反映されているか、「内容」が合っているか、日本語として「自然」か？

どんなに和訳例と似ていても、「考え方」と「構造分析」が合っていなければそれはただの偶然です（つまり実力がつかない）。また、和訳に「文構造」が反映されていなければ入試で得点はもらえませんし、文構造が反映されていても、何を言っているかわからない不自然な英文では減点されてしまいます。

「英語に触れる量を倍にする」カンタンな方法

英語の勉強は必ず「英語に始まり、英語に終わる」ようにしてください。ほぼすべての高校生が「英文→解説と和訳」で終わってしまいます。解説を読み終えるとすぐ次の問題にいってしまうわけです。もちろん解説は超重要ですが、そこではまだ「理解」しただけであって、「定着」はしていません。中には「和

23

訳を読んで"日本語で理解しただけ"という人もたくさんいます。

言うまでもなく「英文そのものを理解」しないと英語力はつきません。ですから「英文→解説と和訳」で終えるのではなく、「英文→解説と和訳→（もう一度）英文」で勉強してください。これだけで普通の「2倍」英語に触れられます。もし「今日から英語に触れる量を2倍に増やせ」と言われてもツラいでしょうが、こんな心がけでカンタンに実現できるのです。

音読の「回数」と「効果」

英文解釈・長文の復習として効果的なのが「音読」です。その日の勉強の最後に何度も音読して脳に染み込ませてください。1つの英文を30回（できれば50回）音読したいところです。

※「30回も !?」と思う人も多いでしょうが、僕がたくさんの生徒を教えてきた経験上、無理ではない数字です。10回で英語力が伸びる生徒もいますが、確実に力をつけるために30回やってほしいと思います。

▶ 復習の流れ

> （1）問題に取り組んだ当日：
>   ①解説・和訳の確認の後は「英文で終える」　※その場でやる復習
>   ②その日の復習として音読 5 回
> （2）後日：英文の音読を 25 回　※1日で25回読む必要はない

音読自体は色々なところで勧められると思いますが、実は音読は「英語を英語のまま処理できる力」を養う効果があるということはあまり語られません。

最初のうちは、英文を読んでも「構造を考えたり、すぐに意味が浮かばなかったり」という状態ですが、何度も音読して英文を脳に染み込ませることで「（日本語に置き換えずに）英語のまま理解できるようになる」効果が出てきます。

今までやっていた「日本語に訳す＋日本語で内容を把握する」時間がすべてカットされ、英文を見ながら内容・意味がどんどん頭に浮かぶようになります。もちろん返り読みもなくなり、左から右に英文をス〜っと理解できるようになります。当然、英文を読むスピードが劇的に上がります。

※はっきりいってこれ、感動モノですよ。

ただし、時間がかかることは覚悟してください。目安として、毎日30分音読に

使ったとして、効果が出るのに3ヵ月くらいかかるのが普通です。もちろんそれだけの時間をかける価値は十分にあります（というより、そんなすごい状態が3ヵ月で可能になるなんて奇跡だと思います）。

音読の「具体的な方法」
音読の際、何も考えずに字面だけ追っても効果はありません。「音読やっても成績上がらなかった」という意見も出ますが、おそらく以下のことを強く意識していないからだと思います。

①最初の10回：文法・構文を意識する／ゆっくりでOK
まずは構文（SVなど）を意識しながら、じっくりと10回読んでください（もちろん問題に取り組んだ当日は5回で終えてOK）。この時点では、カッコやメモを書き込んだ英文を見ながら、ときには日本語訳を確認しながら読み、スピードは一切気にしないで大丈夫です。

②次の10回：内容を意識する／自分のスピードでOK
英文を読みながら「意味・内容が浮かぶように」10回音読してください。これをこなすうちに「日本語を介さずに英文を理解できる」状態になっていきます。「英語を英語のまま理解できる（英文を読んだ瞬間に内容が浮かぶ・画像として浮かぶ）」ことがゴールです。内容優先なので「自分で理解できるスピード」でOKです。

③最後の10回：内容にリアクションをとる／スピードを意識する
意味が浮かぶようになったら、英文の内容にリアクションをとってみてください。内容に対して賛成ならうなずいたり、笑ったり、反対なら顔をしかめたり……英文の内容に対してリアクションをとることで、理解度がさらに上がります。また、何度も読んでいるので、飽きを防止する役割もあります。
さらに、スピードも意識してください。「自分が本番で読むときの理想のスピード」を目標に、自分が理解できる範囲でのマックスのスピードを徐々に更新していくイメージです（ただし絶対に「理解」優先です。理解を伴わない音読は意味がないので）。

音読の「注意点」

僕が勧める音読は「英語を英語のまま処理する」ためのものなので、世間の音読とは気をつけるところが違います。

☑ 黙読は禁止

黙読だと、難しい箇所を無意識のうちに飛ばしてしまいます。また、声を出すことで息継ぎが必要になるので、適切な区切りで息継ぎをするようになり、より自然な読み方が身につきます。

※もちろん「適切な区切り」を判断するのは「文法力・解釈力」があってこそです。

☑「大きい声」に意味はない

声を出す必要はありますが、声の大きさは無関係で、「ボソボソ音読」で十分です。これなら場所を選ばないので、少し騒々しいカフェ・電車やバスの中でも（隣に人がいなければ）できます。マスクをすれば大概の場所でできるでしょう。「声を大きく出す音読」は自分の部屋でしかできないので、どうしても続かなくなるというデメリットがありますが、ボソボソ音読ならどこでもできるので続けられますよ。

☑ 一気に30回読む必要はない

同じ英文を一気に30回も読むと飽きてしまうので、たとえば1日5回×6日＝合計30回を目安にするといいでしょう。

実はこれだけ音読の効果を熱く語っても、きちんと実行する受験生は意外と少ないんです。「英文が読めるようにならないんですぅ……」と涙目でやって来る受験生に、僕が「音読ちゃんとやってる？」と聞くと、「え、あ…… まあ少し……」という返事がほとんどです（きっと1回もやってないでしょうね）。

僕に言わせれば数回の音読で英語が読めるようになるほうが不思議です。確かに、中学校の授業でみんなで声に出して読むような音読を自分1人のときにやっても意味はないと思います。声の大きさも、みんなで揃えてゆっくり読むことも、高校生が1人で学習するのにはまったく効果がないと思っています。みなさんは、ここで説明したやり方で音読に取り組んでみてください。

品詞について

品詞は「領域」と「フェイズ」を分けて理解する

従来の説明では、「**単語レベルの品詞**（冠詞／名詞／代名詞／形容詞／副詞／動詞／助動詞／前置詞／接続詞／間投詞）」の説明はありますが、その流れで「**文法レベルの品詞**（疑問詞／関係詞／不定詞／動名詞／分詞）」と一緒にまとめられることはありません。

さらに「句と節」や「文型」までもが同じ次元で説明されてしまいます。次元の違うものが一緒にされてしまい、全体像が明確に示されることがないのです。

実は、品詞の世界は「歪んだ仕組み」になっているのです。それを本書独自のまとめ方で整理していきます。そもそも「品詞」とだけしか言われないのですが、「**品詞には3つの領域**（①単語レベルの**10品詞**・②文法レベルの**5品詞**・③解釈レベルの**4大品詞**）がある」ことから整理していきましょう。

さらに、①・②と③では「扱うフェイズ（段階）が違う」のです。

※まだピンとこないかもしれませんが、とりあえず「品詞」と言うときに「どの領域の品詞なのか？」までを意識しないと混乱してしまうという現実だけ頭に入れておいてください。

フェイズ1 （単語・文法レベル）	①**単語レベル**の **10品詞**	②**文法レベル**の **5品詞**
フェイズ2（句・節レベル）	③**解釈レベル**の**4大品詞**	

文型まで含めた全体像（3つのフェイズ）

さらに「文型」はまた別のフェイズ（要するに違った次元の話）になるのですが、細かいことの前に、ここで全体像を眺めてみることにしましょう。

☑ 品詞→句・節→文型の全体像

▶ フェイズ1　単語・文法レベル

単語レベルの10品詞：**名詞／形容詞／副詞**／前置詞／接続詞／**動詞**など
文法レベルの5品詞：疑問詞／関係詞／不定詞／動名詞／分詞

⬇

▶ フェイズ2　句・節レベル

カタマリレベルの解釈レベルの4大品詞：**名詞／形容詞／副詞／動詞**

⬇

▶ フェイズ3　文型把握レベル

文型レベルの5つの型：SV／SVC／SVO／SVOO／SVOC

ここで問題なのは「フェイズが違うのに"同じ用語"がある」ということなのです。これが英文解釈を難しく思わせる要因です。以下の2点に注意してみてください。

□ 表の**太字**：フェイズ2の4つの品詞（名詞／形容詞／副詞／動詞）は、すべてフェイズ1でも使われる。
□ 表の赤字：「動詞」という用語は3つのフェイズすべてで使われる（フェイズ3のときだけ"V（ヴィ）"と呼ばれることもある）。

従来の品詞の説明では上記の2点に触れず、さらには「文法レベルの5品詞に触れない」「いつの間にか文型の説明に入っている（フェイズを分けない）」ので混乱する人が出るわけです。たくさん読んでいるうちにわかるようになる人もいる一方で、うやむやにされてわからないままになってしまった人も多いのです。

ここまでの話を整理すると、まずはフェイズ1（単語レベルの10品詞・文法レベルの5品詞）を1つずつ理解することが大事です。
そして、それがいずれカタマリとなってフェイズ2で「解釈レベルの4大品詞」に集約される、と考えてください。

その後にフェイズ3として「文型を把握する」段階になります。ここで「4大品詞」だったものが「文型」という、英文の型をつくることになるわけです。

※これでピンときた人も多いと思いますが、「まだちょっと……」という人は、この後にそれぞれのフェイズを詳しく解説していくので、その後にまたここに戻ってみるといいでしょう。

フェイズ1 (単語レベルの10品詞・文法レベルの5品詞) について

まず**フェイズ1には2種類の品詞 (単語10品詞・文法5品詞) がある**ので、それぞれ確認していきます。

☑ フェイズ1 (1つめ) 「単語」レベルの10品詞

まずは基礎からです。「1つの単語」の品詞を確認しましょう。

▶ 単語レベルの品詞　※(　　)内は1つの例

> 名詞 (cat) ／代名詞 (it) ／形容詞 (tall) ／副詞 (slowly) ／動詞 (run)
> 冠詞 (the) ／助動詞 (can) ／前置詞 (on) ／接続詞 (if)
> ※他に「間投詞」(oh「ああ」・well「えっと」) がありますが、これはスルーしてOKです

この品詞をさらに2種類に分けます。1段目の「名詞／代名詞／形容詞／副詞／動詞」は「それ単独で働ける (文の要素になれる) 品詞」です。たとえば名詞penは単独で (penという1つの単語で) 名詞の働きができます。

2段目の「冠詞／助動詞／前置詞／接続詞」は「(単独では文の要素になれず) ペアを求める品詞」です。ここの品詞は1段目の品詞とペアをつくることで「解釈レベルの品詞」となります。たとえば冠詞a、助動詞may、前置詞of、接続詞becauseだけでは文の中で機能しませんよね (後ほどフェイズ2のところでも解説します)。

☑ フェイズ1 (2つめ) 「文法」レベルの5品詞

10種類の品詞に含まれないにもかかわらず、文法の授業で当たり前のように「○○詞」と使われるものがあります。どれも「○○詞」と名付けられていますが、それは外見上の話で、結局は「名詞・形容詞・副詞」のどれかの働きをすることがポイントです。

英文法を学ぶときは、こういった「品詞からの観点」が絶対に必要なのです。たとえば「分詞構文」を習うときに「訳し方」だけ教わって「副詞の働き」ということを強調されなかった場合、そういった視点で捉えなおす必要があります。
※下の赤字部分が大切です（Chapter 1で実例で確認します）。

▶ 文法レベルの5品詞

□疑問詞（whatなど）
　疑問代名詞（代名詞の働き）・疑問副詞（副詞の働き）・疑問形容詞（形容詞の働き）をまとめた呼び方です。間接疑問文になったときは「名詞節」をつくります。
□関係詞（whoなど）
　関係代名詞・関係副詞・関係形容詞をまとめた呼び方です。関係詞は主に「形容詞節」をつくります。
□不定詞（to 原形 ）
　「名詞的用法」は名詞の働き、「形容詞的用法」は形容詞の働き、「副詞的用法」は副詞の働きをします。このように不定詞は「3つの品詞に変化する」のです（「不定詞が苦手」という人は、実は品詞を意識できていないことがほとんどなのです）。
□動名詞（-ing）
　「動詞と名詞が混ざったもの」なんて中途半端な説明がなされますが、動名詞はズバリ「名詞」と同じ働きです（動詞の性質も含むものの、結局は「名詞」です）。
□分詞（-ing・p.p.）
　分詞は名詞を修飾する「形容詞」の働き（動詞の性質も含みますが、結局は「形容詞」）や、分詞構文の場合は「副詞」の働きをします。

フェイズ2（解釈レベルの4大品詞）について

「単語レベルの10品詞」と「文法レベルの5品詞」は、次の段階として「4つの大事な品詞に集約される」のです。
特にフェイズ1（1つめ）で「ペアを求める品詞（冠詞／助動詞／前置詞／接続詞）」はカタマリをつくって、最終的に4つの品詞（名詞／形容詞／副詞／動詞）のどれかになります。言葉で説明すると難しそうですが、次の例で納得できる

と思います。

> □ 冠詞の後には名詞がくる（冠詞＋名詞）
>   → 名詞のカタマリになる　　　例：the ＋ cat → the cat
> □ 助動詞の後には動詞がくる（助動詞＋動詞）
>   → 動詞のカタマリになる　　　例：can ＋ swim → can swim
> □ 前置詞の後には名詞がくる（前置詞＋冠詞＋名詞）
>   → 副詞・形容詞のカタマリになる　例：on ＋ the ＋ table → on the table
> □（従属）接続詞の後にはSVがくる（接続詞＋名詞・代名詞＋動詞）
>   → 副詞のカタマリになる　　　例：if ＋ they ＋ come → if they come

最終的に集約される4つの品詞を「解釈レベルの4大品詞」と本書では呼びたいと思います。どんなに長いカタマリであっても、最終的にはこの4つのどれかになるのです。

▶ 解釈レベルの4大品詞

名詞／形容詞／副詞／動詞

「もうスッキリ！」という人はこれでOKですが、まだ不安という人にはちょっと角度を変えた説明をします。以下の ⚑補足 を気楽に読んでみてください。

⚑補足 ソロの名前かグループ名か？
単語・文法レベルの品詞では、ソロで活動できるもの（名詞・動詞など）と、グループをつくらないと活動できないもの（前置詞・接続詞など）があります。
たとえば「副詞」は「ソロ活動」ができるので、仲間は不要です。ところが「前置詞」はソロでの名前は「前置詞」ですが、仲間として「名詞」が必要になります。そのときのグループ名が「副詞（句）・形容詞（句）」なんです。これを文法書風に説明すれば「前置詞は副詞句や形容詞句をつくる」となります。ソロ活動のフェイズは「前置詞」ですが、グループ活動のフェイズでは「副詞・形容詞」となるのです。
※このフェイズを混同すると、「前置詞なのに副詞・形容詞？？？？」となってしまうのです。

句や節は「カタマリ」と考えればOK

ここまで使ってきた「カタマリ」とは、厳密に言えば「句・節」というものです。「句と節」については以下のように説明されたはずです。

> 句：複数の単語が集まって1つの意味を形成する。その中にSVは含まれない。
> 節：複数の単語が集まって1つの意味を形成する。その中にSVが含まれる。

「SVの有無」ばかりが強調されるのですが、大事なことはどちらも「カタマリになる」ということなんです。句と節については、相違点だけでなく共通点も大事なのです。

▶ 句と節の比較

	句	節
共通点	（1つの意味をつくる）複数の単語のカタマリ	
相違点	SVを含まない 例：in the room	SVを含む 例：if it rains tomorrow ※ it rains が SV

たとえば「名詞句」も「名詞節」も「名詞のカタマリ」です。ちなみに、the train も a tall boy も厳密には「名詞句」ですが、実際には単に「名詞」と表記されることも多いです（節の場合は名詞節と言うことが多い）。
※そのほうが説明がスッキリするので、本書でもその方針です。

名詞の働きをするカタマリなら「名詞句」か「名詞節」、形容詞の働きをするカタマリなら「形容詞句」か「形容詞節」、副詞の働きをするカタマリなら「副詞句」か「副詞節」と言います。

▶ 句・節の働き

	名詞のカタマリ	形容詞のカタマリ	副詞のカタマリ
句	名詞句	形容詞句	副詞句
節	名詞節	形容詞節	副詞節

フェイズ2→フェイズ3へつなげる

句や節というカタマリを認識したら、次はその「働き」を判断していきます。

▶ 解釈レベルの4大品詞の「英文中での働き」

	役割
名詞	S（主語）・O（目的語）・C（補語）のどれかになる
形容詞	名詞修飾 or C（補語）になる
副詞	名詞以外を修飾（M［修飾語］になる） （動詞・形容詞・他の副詞・文全体を修飾する）
動詞	V になる（動作・状態を表す）

これはつまり「フェイズ2→フェイズ3」を考える作業で、「解釈レベルの4大品詞」を使って「文型」を判断していく作業です。

以下、副詞節を具体例として見ていきましょう。

The patient waited quietly until his name was called.
その患者は名前を呼ばれるまで静かに待ちました。

---

untilは前置詞と接続詞の2つの品詞を持ちます。ここではuntilの直後にsv (his name was called) がきているので接続詞だとわかります。

従属接続詞は（that・if・whether以外は）副詞節をつくるので、接続詞だとわかった瞬間に until his name was called は即「副詞節」だと判断できるのですが、一応「修飾」という観点からも確認してみましょう。

until his name was called というカタマリが修飾するのは、動詞（waited）ですね。「呼ばれるまで"待った"」わけです。「動詞を修飾するのは副詞」なので、until his name was called は「副詞のカタマリ（副詞節）」になります。

最後に、改めてフェイズ1→フェイズ2→フェイズ3という流れを次ページで確認してみてください（フェイズ3はChapter 3で「文型」として解説します）。

文構造

▶ **フェイズ1**

The patient waited quietly until   his   name was called.
冠詞 名詞   動詞   副詞 接続詞 代名詞 名詞 動詞 動詞の過去分詞

⬇

▶ **フェイズ2**

The patient waited quietly until his name was called.
名詞(名詞句) 動詞   副詞   副詞節

⬇

▶ **フェイズ3**

\<The patient\> waited (quietly) (until his name was called).
　　　S　　　　　V　　　M　　　　　　M

※カッコの種類については次ページ。

本書で使う記号

▶ **文構造での「カッコ」の使い分け** ※詳しくはChapter 1で

<名詞> ※名詞は重要なので目立つ<とんがりかっこ>を使います

[形容詞] ※英語の辞書で、A[B]と表記する場合、AとBが対等・交換可能なことを表します。本書でも[しかくかっこ]をつけて、the boy [who is tall]と表記することで、the boyとwho is tallが同じこと(たとえば"人[人物紹介]"のようなイメージ)を表すと直感的にわかるように[しかくかっこ]を使います

(副詞) ※副詞は「なくてもかまわない要素」なので(まるかっこ)を使います

▶ **その他の文構造での表記**

動詞　下線を引きます。

相関表現 ⬛⬛⬛ ～ ⬛⬛⬛

等位接続詞 ┊and┊ のように点線の枠で囲みます。

従属接続詞 │when│ のように枠で囲みます。

※接続詞は構文解析上、特に重要なので普段から意識する習慣をつけるために枠で示しました

{　　} 省略可能なものを示します。　例：I think {that} he is rich.

φという記号　「関係代名詞の目的格が省略されているとき」と「関係代名詞whatで目的語が欠けているとき」に、その本来の「目的語」がある部分にφを示します。

※主格の関係代名詞で主語が欠けているときや、補語が欠けているときにはφは入れません(欠けていることが明らかなので)

▶ **動詞の考え方(長いVについて)**

「to不定詞」がOになる場合は「前の動詞とセット」で考えるようにします。たとえば、I want to study French.「私はフランス語を勉強したい」という文は、厳密に考えれば、to study FrenchはwantのOになります。

【厳密に細かく考えた場合】

| I want <to study French>.
| S V O (v) (o) ※ (v)(o)は「Oの中」での構造

to study FrenchをまとめてOと考えるわけですが、この発想だと「さらにOの中に他動詞studyと目的語Frenchがある」と考える必要があるので面倒です。不定詞を初めて習うときにはこの分析が必要ですが、英文解釈の段階になれば「want to 〜 を1つの"動詞のカタマリ"とみなす」発想のほうが便利です。今後は以下のような表記がメインになります（want toのように頻繁に見かける形は「1つのV」として扱い、to以外の目的語をとることも多い動詞はケースバイケースで考えます）。

【want to 〜 を1つの動詞と考えた場合】

| I want to study French.
| S V O

句と節の意識
（基本の確認）

ここでは「どんな文法事項がどの品詞をつくるのか？」を確認していきます。「関係詞は形容詞のカタマリ」「分詞構文は副詞のカタマリ」といった視点から文法を教わらなかった人も、ここで「英文法と英文解釈のリンク」を一通りチェックできます。簡単なことも多いのですが、解釈の基礎になるので精密にチェックしていってください。また、今後、解説を読んでいて、「なんでここは名詞節なんだろ？」などと疑問に思ったときの確認資料としても使ってください。

THEME 1 名詞句（不定詞）

✦ **設問** 次の英文を和訳しましょう。

❶ To know the rules of the ancient game go is not difficult, but to be really good at it takes a lifetime of practice.

（オリジナル）

> ナビ〉 go「囲碁」

❷ It's harmful to the environment to use cars.

（オリジナル）

❸ The most important thing to do right now is to call the police.

（オリジナル）

解説

テーマ | 「名詞の働き」と「名詞句をつくるもの」を整理する

▶ **名詞の働き**

S・O・Cのどれかになる。

▶ **名詞句をつくるもの**

(1) 不定詞の名詞的用法　　(2) 動名詞　　(3) 疑問詞 to 〜

※ a tall boy なども名詞句になるが、こういった名詞中心の語句は簡単なので割愛します。

名詞のカタマリは (句・節を問わず)、**<とんがりかっこ>**を使って示します。

❶ Sになる to 〜 は名詞的的用法

解析

<To know the rules of the ancient game go> is not difficult,
　　　　　　　　　　　　　　S　　　　　　　　　　　　　V　　C

but <to be really good at it> takes <a lifetime of practice>.
　　　　　　S　　　　　　　　　　V　　　　　　O

指針

⌖ **to の用法は？**

今回のように "To 〜 V" の形では「To 〜 はSになる」ので名詞的用法になります (Sになるのは名詞)。今回の英文にはto不定詞が2つありますが、両方とも主語になっています。

the ancient game go は2つの名詞が並んで (同格)、1つの名詞のカタマリになっています。

※ちなみにgoがもし動詞「行く」なら、今回の文では3単現のsが必要になります (意味もめちゃくちゃですが)。go「囲碁」(Goと表記されることも) は、「AIは人間の頭脳に勝てるか？」というテーマで出てきます (東大のリスニングでも出題済み)。

🖉 a lifetime of ～ の訳し方

直訳は「～の一生分の長さ」ですが、"a 数量表現 of ～" は (a lot of ～ に代表されるように) 前から訳して「 数量 の～」と訳すと自然になります。ここではa lifetime of practiceを「一生の練習」とすればOKです。

takeは「とる」→「必要とする」くらいの意味になります (実は難関大でよく問われる重要表現で、112ページにも出てきます)。

和訳例

古来の遊びである碁のルールを学ぶことは難しくないが、実際に碁を本当に上手に打つためには生涯、訓練することが必要だ。

語句 ancient「古代の」

② 真主語になる to ～

! 解析

It's harmful (to the environment) <to use cars>.
仮SV   C   M   真S

! 指針

🖉 Itの役割は？

Itの後にtoがあり、Itは仮主語、to use carsを真主語と考えます。主語になる以上、当然これも名詞的用法です。

参考：to が S になる英文は珍しい

to不定詞がSになる英文 (例：To speak English is difficult.「英語を話すことは難しい」) は問題集でやたらと見かけますが、実際の英文ではそれほど出てきません。ことわざなどではよく使われるので、普段使うと「ことわざみたいで、不自然に聞こえる」と思うネイティブが多いのです。

もちろん文法上はOKで、①の文も「構文把握の練習」としては優れた英文です。ただ、「実はそんなに使われない」という事実は知っておいてもいいでしょう (なぜかほとんど教えられないだけに)。自分で使うときは、仮主語it (It

〜 to ...) や動名詞を主語にすることを基本姿勢にしてください。

和訳例

車を使うことは環境に悪いです。

語句 harmful「有害な」

③ Cになる名詞的用法の不定詞

!解析

<The most important thing [to do right now]> is <to call the police>.
             S   V   C

!指針

✐ 2つあるtoの用法は？

isの後で、名詞的用法to call the policeがCになっています。S is to 〜「S
は〜すること」の形です。
ちなみに、主語の中のto do right nowは形容詞的用法（直前のthingを修飾
する）です。

和訳例

直訳：今すぐやるべき最も大切なことは警察を呼ぶことだ。
意訳：今すぐに最優先でしなければならないことは警察を呼ぶことだ。

語句 right now「今すぐ」

チェックポイント

☑ "To 〜 V"の形は名詞的用法　　　　　◎ △ ✕
☑ 名詞的用法は真主語やCにもなる　　　◎ △ ✕

名詞句（動名詞）

✦ **設問** 次の英文を和訳しましょう。

1 Eating too much sugar is not good for your health.

（オリジナル）

2 Victor finished giving his dog Max a bath.

（オリジナル）

3 Jill's job is writing computer programs.

（オリジナル）

✦ 解説

> テーマ **動名詞は名詞の働き**

動名詞は「動詞の性質と名詞の性質を併せ持つもの」と説明されがちですが、この説明だけでは英文解釈では通用しません。大事なことは「動名詞は、動詞が名詞になったもの」、つまり「（動詞の性質を残しつつも）結局は名詞」だと強く意識することです。

① S になる動名詞

Q 解析

<Eating too much sugar> is not good (for your health).
　　　　S　　　　　　　　　 V　　 C　　　　　M

Q 指針

⌨ Eating too much sugar の役割は？

is が V になるので、その前にある Eating too much sugar は S だと考えます。"-ing V" の形で「-ing は S になる」→「S になるのは名詞」→「-ing が名詞の働きなので動名詞」と考えます。動名詞は「〜すること」と訳せば OK です。

⌨ 文頭の -ing はどう考える？

Eating too much sugar の時点では、この -ing が「動名詞」なのか「分詞構文」なのかは誰にも（ネイティブにも）わかりません。「-ing があるなあ」と頭に残しつつ、is を見つけた瞬間に「S になるから動名詞」と判断するわけです。もし -ing 〜, SV の形であれば、分詞構文になります（81 ページ）。

和訳例

砂糖をとりすぎるのは健康によくない。

② Oになる動名詞

(!)解析

Victor finished <giving his dog Max a bath>.
  S   V   O   ※ finish -ing で1つのVと考えてもOK

(!)指針

✐ give の形は？

giving his dog Max a bath というカタマリが **finished** の **O** になっています。その**O**の中で、give 人 a bath「人をお風呂に入れる」(人は便宜上の表記で、今回のように動物がきても **OK**) の形です。

✐ his dog と Max の関係は？

同格の関係です。訳すときは「彼の (飼い) 犬であるマックス」とします。そもそも give の後に名詞が3つ (his dog・Max・a bath) 続くことはありえないので、「どれか2つがくっつくのでは？」と考えてください。

> 和訳例
>
> ヴィクターは飼い犬のマックスをお風呂に入れ終えました。

③ Cになる動名詞

(!)解析

Jill's job is <writing computer programs>.
  S   V   C

(!)指針

✐ is の後にくる -ing の役割は？

is の後にくる **writing computer programs** が **C** になっています。is writing だけを見ると「進行形」と同じ形ですが、進行形なら「ジルの仕事は〜を書いている」になってしまい、これでは変ですね。この writing は動名詞「〜すること」だと判断できます。

44

和訳例

ジルの仕事はコンピューターのプログラムを書くことです。

チェックポイント

☑ "-ing V" の形は動名詞　　　　　　　　　　　◎ △ ✕

☑ be -ing は進行形か動名詞かを判断する　　　　◎ △ ✕

名詞句（疑問詞 to 〜）

✦ **設問** 次の英文を和訳しましょう。

❶ ▚ 料理のコンテストの話。

The judges had a difficult time deciding whose pie to give the first prize to.

（オリジナル）

◆ **解説**

> テーマ "疑問詞 to 〜"は「名詞のカタマリ」

"疑問詞 to 〜"の形は「疑問詞すべきか」という訳し方だけを習って、肝心の「名詞句になる」ことがスルーされがちです。たとえば、She didn't know what to do.「彼女は何をすべきかわからなかった」の what to do は名詞句をつくり、know の O になっています。

❶ O になる 疑問詞 to 〜

Q 解析

The judges <u>had a difficult time deciding</u> <whose pie to give the 〜 to>.
　　S　　　　　　　V　　　　　　　　　　　　　　　O

Q 指針

⊘ have a difficult time -ing をまとめて考える
熟語 have a difficult time -ing「〜するのに苦労する」を一気に1つのVと考えると、構造がわかりやすくなります。

⊘ whose のカタマリは何句？
decide の O に、**whose pie to give the first prize to** という名詞句がきています。
今回の whose は直後に名詞をとって"whose 名詞 to 〜"の形になっています。

⊘ 最後の to は何？
whose のカタマリの中で、give B to A「B を A に与える」の A にある語句が whose pie になって前に移動した形なので、文末に to だけが残っているわけです。

参考：疑問代名詞＋to ～ と疑問副詞＋to ～ の形の違い

"疑問詞 to ～ "である以上、どちらも名詞句になりますが、その名詞句の中では、疑問代名詞（what・whoなど）の後ろは「不完全（名詞が欠けた形）」、疑問副詞（how・whereなど）の後ろは「完全（名詞が欠けていない形）」になります。たとえば、**what to buy**「何を買うべきか」では**buy**の目的語が欠けています。**where to go**「どこに行くべきか」は完全な形です（**go**は自動詞）。

和訳例

審査員たちは、誰のパイに一等賞を与えるべきかを決めるのに苦労した。

語句 judge「審査員」、prize「賞」

チェックポイント

☑ 疑問詞 to ～ は名詞句になる

THEME 4 名詞節（従属接続詞）

◆ **設問** 次の英文を和訳しましょう。

❶ Whether changing the laws will help foreigners living in Japan remains to be seen.

（オリジナル）

❷ Johnny opened the door and asked me if he could borrow my stapler.

（オリジナル）

❸ The truth is, he's never talked about you.

（オリジナル）

解説

名詞節をつくるものを整理する

▶ 名詞節をつくるもの

(1) 接続詞の that・if・whether	(2) 疑問詞
(3) 関係代名詞の what	(4) 複合関係詞

従属接続詞はどれも「副詞節」をつくるのですが、たくさんある従属接続詞の
うち、たった3つ (that・if・whether) だけが「名詞節"も"つくる」ことがで
きます。ここではその3つを確認していきましょう。

※ちなみに僕の体感値ですが、「副詞節：名詞節」の割合は…… that「副1：名9」、if「副7：
　名3」、whether「副6：名4」で使われる感じです。

① S になる whether

⚠ 解析

< Whether changing the laws will help foreigners living in Japan>
　　　　　　　　　　　　　　　　　S

remains to be seen.
　　　　　V

⚠ 指針

⌖ SV を把握する

Whether 〜 のカタマリがS、remains to be seen がVです。接続詞 whether
は副詞節・名詞節の両方をつくれますが、その判別は訳ではなく「形から」考
えます。この文は以下の②の形です。

▶ 文頭に Whether がある場合

① (Whether sv), SV → 副詞節「〜であろうとなかろうと」
② <Whether sv> V → 名詞節「〜かどうか」

✐ remains to be p.p. の意味は？

直訳は「（これから）～されるままでいる」→「まだしていない」という否定表現です。remains to be seen で「これから理解されるままでいる」→「まだわからない」となります。

※ちなみに最近の入試の長文ではこういった英文で締めくくることが多く、その場合、内容一致で「まだわからない」という選択肢が正解になります。

和訳例

法を変えることが、日本に住む外国人にとって助けになるかどうかは、まだわからない。

語句 law「法律」、foreigner「外国人」

② O になる if

解析

Johnny opened the door and asked me < if he could borrow my stapler>.
　　　S　　　V　　　　O　　　　V　　O　　　　　　　　　O

指針

✐ ask がとる形は？

ask 人 物 の形になっています。ここでは 物 に if 節がきているわけです。

✐ if 節は何節をつくる？

ask の O になるので、if 節は名詞節をつくります。名詞節 if は「～かどうか」という意味です（名詞節 whether と同じ意味）。直訳は「ジョニーはホチキスを借りることができるかどうかを私に尋ねた」となります。

和訳例

ジョニーはドアを開けて、私にホチキスを借りていいかと聞いた。

語句 borrow「借りる」、stapler「ホチキス」

3 Cになる that

❗解析

The truth is, <{ that } he's never talked about you>.
　　　　S　V　　　　　　　　　　　　　　C

❗指針

✍ Cになる that節

本来の形は、The truth is that he's never talked about you. です。that節
が名詞節で、Cになっています。

✍ that の省略

Oをつくる場合の「thatの省略（I think {that} ～）」は有名ですが、発展事項
として「Cをつくるthatもたまに省略される」ことを頭の片隅に置いておき
ましょう。The truth is {that} sv.「真実はsvだ」→「実はsvだ」という形で
す（isの後のコンマはなくてもOK）。

和訳例

本当のことを言うと、彼があなたについて話したことは一度もないよ。

チェックポイント

☑ that・if・whether は名詞節もつくる　　　　　　　◎ △ ✕

☑ 名詞節 if・whether は「～かどうか」という意味　　◎ △ ✕

☑ The truth is {that} ～ の形に注意　　　　　　　　◎ △ ✕

名詞節（疑問詞）

✦ 設問 次の英文を和訳しましょう。

❶ ⟦⟧「世界の言語が偏って分布している」という話。

Perhaps how many people can live in a given location also shapes language diversity.

（名城大学／経営・経済・外国語・人間・都市情報）

❷ He told the other members of the volleyball team when the next practice would be held.

（オリジナル）

❸ I found professor Watson's explanation of how World War I started confusing.

（オリジナル）

◆ 解説

テーマ **間接疑問文は名詞節になる**

I know where he lives. 「彼がどこに住んでいるか、私は知っています」のように、文中に疑問文（Where does he live?）が埋め込まれたものが間接疑問文です。間接疑問文は「普通の語順（he livesの順）」になることが大事ですが、英文解釈では where he lives というカタマリが名詞節をつくることがポイントになります（この文では know の O になる）。

1 Sになる疑問詞節

解析

(Perhaps) <how many people can live (in ～)> (also) shapes <～>.
　　M　　　　　　　　　　　　S　　　　　　　 　V　　 O

指針

🖉 **how many people は疑問文、肯定文どっち？**

もし how many people can live in a given location? のように、そこで文が終わっていれば疑問文になります。しかし今回は動詞 shapes があるので、この how 節は「Sになっている」→「名詞節をつくる」と考えます（「どれくらい多くの人が～ということ」という意味）。

和訳例

直訳：たぶん、何人の人がある場所に住めるかということが、また、言語の多様性を形づくる。

意訳：ひょっとすると、特定の場所に住める人数によっても、言語の多様性が形成される［言語が多様になる］のかもしれない。

※第3文型で無生物主語の場合（無生物S＋VOの形）は受動態にして訳す（Sによって、OがVされる）と自然になります。これは動作動詞の場合だけですが、あまり深く考えず、「訳が硬いなら受動態で訳してみる、やりすぎたなら戻す」という姿勢で十分です。

語句 ▶ perhaps「ひょっとすると」、given「特定の」、location「場所」、shape
「形づくる」、diversity「多様性」

2 O になる疑問詞節

！解 析

He told <the other ～> <when the next practice would be held>.
　S　V　　　　O　　　　　　　　　　　O

！指 針

⊘ when は何節？

tell |人| |物| の形で、|物| の部分に when 節がきています。間接疑問文になる
ので、when は名詞節をつくります。疑問詞 when なので「いつ」と訳します。

※もし副詞節なら「次の練習が開かれるとき（伝えた）」となり意味が不自然です（そもそ
　も「時・条件を表す副詞節の中では未来のことでも現在形を使う」というルールから、
　would があるのも変なのですが、ここは意味で判断して OK でしょう）。

和訳例

彼はバレーボールチームの他のメンバーに、次の練習がいつ行われる予定なのか
を伝えた。

語句 ▶ be held「行われる」

3 前置詞の O になる疑問詞節

！解 析

I found ⟨professor ～ explanation of <how ～ started>⟩ confusing.
　S　V　　　　　　　　　　　O　　　　　　　　　　　　　C

！指 針

⊘ find を見たら？

知覚動詞 find を見たら、まずは find OC「O が C だと思う」の形を予想しましょ

う。今回はOが長いので、その意識を強く持っていないとconfusingがCだと気づけないからです。

✐ howは何節？

howは名詞節をつくります。explanation of 〜「〜についての説明」で、**of**の**O**に「**howがつくる長い名詞節**」がきています。of how 〜「どのように〜かということについて（の説明）」となります。

和訳例

直訳：第一次世界大戦がどのように始まったのかに関するワトソン教授の説明は混乱させるものだと私は思った。

意訳：第一次世界大戦がどのように幕を開けたのかについてのワトソン教授の説明はわかりにくいと感じた。

語句 professor「教授」、explanation「説明」、confusing「混乱させるような・わかりにくい」

チェックポイント

☑ 間接疑問文は名詞節になる　　　　　　　　　　　　◎ △ ✕

☑ whenは名詞節なら疑問詞「いつ」、副詞節なら接続詞「〜するとき」　◎ △ ✕

☑ 前置詞＋疑問詞節の形に注意　　　　　　　　　　　◎ △ ✕

名詞節 (関係代名詞の **what**)

◆ **設問** 次の英文を和訳しましょう。

1 What I'm about to say is very important.

（オリジナル）

2 I will always remember what you told me about following my dreams.

（オリジナル）

3 The Internet is what has changed society the most in the last 20 years.

（オリジナル）

解説

テーマ 関係詞は**3つのグループに分けて考える**

関係詞は「何節をつくるか？」という視点から、3つのグループに分けて考える
と、効率的に理解できます。

▶ **(1) 純粋関係詞グループ** 特徴：**形容詞節をつくる**

関係代名詞：who・which・whom・that・whose
関係副詞　：when・where・why・how
前置詞＋関係代名詞：in which・of whom など（前置詞は何でも OK）

▶ **(2) what グループ** 特徴：**名詞節をつくる**

関係代名詞 what・関係形容詞 what

▶ **(3) -ever グループ** 特徴：**形容詞節だけはつくらない**（名詞節・副詞節を
　　　　　　　　　　　　　　　　　つくる）

複合関係代名詞：whoever・whomever・whichever・whatever
複合関係副詞　：whenever・wherever・however

この中で、今回は (2) の what を扱います。what は「先行詞を含む関係代名
詞／『もの・こと』と訳す」と説明されるのが普通ですが、それよりも「名詞節
をつくる」「後ろには不完全がくる」という視点から考えてみてください。

❶ S になる what 節

解析

| <What I'm about to say φ > is very important.
| 　　　　　S　　　　　　　　V　　　　C

🔘 指針

ⓐ 文頭のWhatを見たら？

Whatの直後が倒置（What am I）なら疑問文ですが、ここではWhat I'mなので名詞節だと判断して、**What sv Vの形を予想**します。後ろに出てくるisがVだとわかります。また、what節の中ではsayの後にくる名詞が欠けています。

和訳例

私が（今から）言おうとしていることはとても重要です。

語句 ▶ be about to 〜「（今から）〜しようとしている」

② Oになるwhat節

🔘 解析

I will (always) remember <what you told me φ about following my dreams>.
S   V   O

🔘 指針

ⓐ whatの役割は？

what節はrememberのOになっています。whatの後ろは「名詞が1箇所欠ける」のですが、ここでは"tell 人 物"の 物 が欠けています（φの記号で欠けていることを示します）。

和訳例

（私が自分の）夢を追いかけることについてあなたが言ってくれたことを、私はいつまでも忘れません［ずっと覚えています］。

語句 ▶ follow「追いかける」

③ Cになる what 節

⚠️解析

The Internet is <what has changed society the most (in the last 20 years)>.
    S   V   C

⚠️指針

🖋 **what の役割は？**

what 節は is の C になっています。what の中では has changed の S が欠けています。

和訳例

直訳 ：インターネットは直近20年間の中で最も社会を変えたものです。

意訳 ：インターネットはここ20年間で最も社会を変えた存在です。／ここ20
　　　　年間で最も社会を変えた存在はインターネットです。

※関係代名詞 what は文脈に応じて意訳することが多いので、「もの・こと」という訳にこ
　だわる必要は一切ありません（14ページ）。

チェックポイント

☑ 関係代名詞 what は「名詞節をつくる・後ろは不完全」　　◎　△　✕

THEME 7 名詞節（複合関係詞）

◆ **設問** 次の英文を和訳しましょう。

❶ Whoever wins the presidential election will have to deal with the ongoing war.

（オリジナル）

❷ You can choose whichever character you like when you start the game.

（オリジナル）

Chapter 1 句と節の意識（基本の確認）

解説

テーマ	複合関係詞は形容詞節だけはつくらない

（what以外の）whoなどの関係詞は形容詞節をつくるのが基本ですが、複合関係詞（-everの形になる関係詞）は「形容詞節だけはつくらない（名詞節か副詞節をつくる）」と覚えておくといいでしょう。名詞節・副詞節の判別は文の形から考えればOKです。

1 Sになる複合関係詞節

解析

<Whoever wins the presidential election> will have to deal with <the ～>.
            S   V   O

指針

📎 **文頭のWhoeverを見たら？**

Whoever ～ の後にV（will ～）があるので「Sになる→名詞節」だと判断します（Whoever ～ Vの形）。

もしWhoever ～, SVの形であれば、Whoeverは副詞節をつくります。

和訳例

大統領選挙に勝った人は誰でも、今も続く戦争に対処しないといけないのです。

語句 presidential election「大統領選挙」、deal with ～「～に対処する」、ongoing「進行中の・今も続く」

❷ O になる複合関係詞節

❗解 析

You <u>can choose</u> <whichever character you like> ([when] you start the ～).
　S　　V　　　　　　　　O　　　　　　　　　M（choose を修飾）

❗指 針

✒ whichever は何節？

whichever character you like は **choose** の **O** になっているので名詞節をつくります。

ちなみに、whichever の直後に名詞（character）がきているので、この whichever は複合関係形容詞というものです。

※ whichever 自体（ソロの名前）は「複合関係形容詞」、whichever 節（グループ名）が「名詞節」です。

イメージで説明すると、「whichever が whichever character になる（具体的に説明する）」という感覚です。

　　[whichever] you like「あなたが好きなものはどれでも」
　　　　↓
[whichever character] you like「あなたが好きなキャラはどれでも」

和訳例

ゲームを始めるときに、どれでも［どちらでも］自分の好きなキャラを選べますよ。

チェックポイント

☑ 複合関係詞は形容詞節だけはつくらない（名詞節・副詞節は形で判断）　◎ △ ✕

THEME 8. 形容詞句（前置詞）

✦ **設問** 次の英文を和訳しましょう。

1 A woman with a dog was jogging in the park this morning.

（オリジナル）

2 Nikko Tosho-gu, a shrine dedicated to Tokugawa Ieyasu, is of cultural and historical importance.

（オリジナル）

> ナビ〉 dedicated to ～「～に捧げられた」→「～を祀った」

解説

テーマ 「形容詞の働き」と「形容詞句をつくるもの」を整理する

▶ 形容詞の働き

名詞修飾 or C になる

形容詞が名詞を修飾するときは、結局そのカタマリは「名詞句」になるので、あくまで形容詞は脇役です（名詞に主役を譲る）。
一方、Cになるときは文の主要な構成要素として目立つ働きをします。
脇役（名詞修飾）だったり、目立つ役（Cになる）だったりというのが形容詞です。

▶ 形容詞句をつくるもの

（1）前置詞句　　（2）不定詞の形容詞的用法　　（3）名詞修飾の分詞

名詞を修飾する形容詞句・形容詞節には **[しかくかっこ]** を使っていきます。

1 名詞を修飾する前置詞句

解析

<A woman [with a dog]> was jogging (in the park) (this morning).
 S　　　　　　　　　　　　V　　　　　M　　　　　　M

指針

⬚ with a dog は何を修飾する？

直前の A woman を修飾するので、前置詞句が形容詞句の働きをしていると考えます。A woman with a dog で S になります。
ちなみに前置詞句は「副詞句か形容詞句になる」のです。多くの場合は副詞句になるのですが（今回の英文でも後ろの in the park は was jogging を修飾するので副詞句）、ここでは形容詞句になるパターンを確認していきます。

参考：現在分詞 jogging について

ここでは厳密には C になっています。ただ、was jogging で「まとめて V になる（いわゆる現在進行形）」と考えるほうが簡単なので、普段は（本書でも）こんな面倒な説明はしないわけです。

参考：this morning は副詞の役割

改めて考えてみると、this morning は名詞ですが、実際は副詞の働きをしています。主に「時間」を表す名詞などが（前置詞なしで）副詞の働きをすることが多々あります。ただ、これはあまりにもよく出てくるために自然にできてしまうので心配無用です。

※専門的には「副詞的目的格」というものです。本来は前置詞があるので、その名詞は目的格の形で副詞的に使われると考えてもいいのですが、まあどうでもいいです。

和訳例

今朝、イヌを連れた女性が公園でジョギングしていた。

2 C になる前置詞句

🄸 解 析

<Nikko Tosho-gu>, <a shrine [dedicated to Tokugawa Ieyasu]>, is
      S   S と同格   V

[of cultural and historical importance].
                       C

🄸 指 針

⊘ dedicated は過去形？ 過去分詞形？

Nikko Tosho-gu が S、その直後の a shrine dedicated to Tokugawa Ieyasu は S の同格です。dedicated は過去分詞で、直前の名詞（shrine）を修飾しています（分詞は THEME 10 で確認します）。

⊘ is の後は？

of cultural and historical importance が C になります。

"**of＋抽象名詞＝形容詞**" という重要なルールがあり、of importance ＝ important ということです。ここでは of cultural and historical importance となっています（このように抽象名詞の前に形容詞が入ることが多い）。

他に、of use（＝ useful）「役に立つ」、of help（＝ helpful）「役に立つ」、of interest（＝ interesting）「興味深い」などがあります。

和訳例

徳川家康を祀った神社である日光東照宮は、文化的および歴史的に重要である。

語句 ▶ shrine「神社」、dedicate「捧げる」

チェックポイント

☑ 形容詞は名詞修飾 or C になる	◎ △ ✕
☑ 前置詞句は副詞句か形容詞句になる	◎ △ ✕
☑ "of＋抽象名詞＝形容詞"	◎ △ ✕

THEME
9

形容詞句（不定詞の形容詞的用法）

✦ **設問** 次の英文を和訳しましょう。

1 There are plans to send illegal immigrants back to Mexico.

（オリジナル）

解説

> **テーマ** 形容詞の働きをする**to**不定詞

名詞を修飾する**to**は形容詞的用法と呼ばれます。特に以下の2つのパターンをチェックしておきましょう。

▶ 抽象名詞 ＋**to** ～ の形

> ①もともと**to**をとる表現が名詞化されたものを修飾する
>
> She has the ability to do the work.「彼女はその仕事をする能力がある」
>
> ※be able to ～ が ability to ～ になった
>
> ②「時間・場所・方法」など特定の名詞を修飾する（関係副詞の先行詞が多い）
>
> I haven't had time to read the report yet.
>
> 「まだ報告書を読む時間がない」

① 名詞を修飾する不定詞の形容詞的用法

解析

There are <plans [to send illegal immigrants back to Mexico]>.
    M   V   S

※There is構文は厳密には「第1文型（の倒置）」ですが、この構文は文型の枠組みにあまりこだわる必要はありません。

指針

✐ plansの品詞は？

There is構文なので、areの直後にあるplansは名詞です。その名詞を**to** ～ が修飾しているので、この**to**は形容詞の働きです。

動詞のplanの場合、plan to 原形 「～する計画だ」の形になります。このように本来**to**と相性のよい単語は「品詞が変わっても（今回なら動詞planが名詞planになっても）**to**と相性がよい」ことは変わりません。

※「名詞構文」（Chapter 10）でも解説します。

メキシコに不法移民を送り返す計画がある。

語句 illegal「違法な」、immigrant「移民」

チェックポイント

☑ plan to ~ は動詞「~することを計画する」と名詞「~する計画」がある　　◎ △ ✕

THEME 10. 形容詞句 (名詞修飾の分詞)

✦ **設問** 次の英文を和訳しましょう。

1 The company shipping the vehicle parts from China has notified us that they are behind schedule.

（オリジナル）

2 A boy called Masato found my cat.

（オリジナル）

テーマ | 形容詞の働きをする分詞

分詞には現在分詞 (-ing) と過去分詞 (p.p.) があります。分詞の働きは2つあって、ここで扱うのは以下の (a) のほうです。

▶分詞の働き

> (a) 形容詞の働き → 分詞
> (b) 副詞の働き　→ 分詞構文

① 名詞を修飾する現在分詞

① 解析

<The company [shipping 〜]> has notified us <|that| they are 〜>.
　　　　　S　　　　　　　　　　　　　V　　　　O　　　　　　　　O

① 指針

⑦ shipping の役割は？

shipping the vehicle parts from China は、直前の The company を修飾しています（動名詞だと考えると、名詞が連続することになってしまう）。動詞 ship「発送する」が分詞として使われているわけです。**The company shipping 〜 の後にVがくることを予想して、has notified がVだと判断します**（ちなみに vehicle parts は2つの名詞が連続しますが、これは意味上つながって1つの名詞のカタマリをつくります）。

⑦ notify がとる形は？

tell や remind と同じ形 (V|人|that 〜 の他に、V|人|of 〜、V|人|to|原形|) をとります（194ページに詳しいまとめを載せます）。

和訳例

中国から自動車の部品を輸送している会社が、予定より遅れていると我々に報告
してきた。

語句 ▶ ship「発送する・輸送する」、vehicle「車・乗り物」、part「部品」、
behind schedule「予定より遅れて」

② 名詞を修飾する過去分詞

(!) 解 析

<A boy [called Masato]> found my cat.
　　　　S　　　　　　　　 V　　　 O

(!) 指 針

🖎 **called** は過去形？ 過去分詞形？
A boy called Masato の時点では「ある少年がマサトを呼んだ」と解釈でき
ますが（この場合のcalledは過去形）、次の**found**を見つけた瞬間に発想を
変える必要があります。
foundがVなので、A boy called Masato はSになります。called Masato
は直前のA boyを修飾しています（call OC「OをCと呼ぶ」が過去分詞にな
り called C「Cと呼ばれる」になった）。
※「foundがMasatoを修飾するのでは？」という発想はナシです。「固有名詞が修飾語を
　伴う」ことはないからです（特殊な文脈ならありえますが、原則ナシと考えてまったく問
　題ありません）。

和訳例

マサトという男の子がうちのネコを見つけてくれました。

チェックポイント

☑ 名詞を修飾する -ing は分詞（動名詞と区別）　　◎ △ ✕
☑ 名詞を修飾する -ed は分詞（過去形と区別）　　◎ △ ✕

形容詞節 (関係詞)

✦ **設問** 次の英文を和訳しましょう。

1 The book report that Mr. Sanders asked us to do is due on Friday.

(オリジナル)

> ナビ the book report「読書感想文」
> ナビ due「締め切りで」

2 She told us the reason why she wants to study artificial intelligence.

(オリジナル)

3 This is the hospital at which I was born.

(オリジナル)

4 Danny became an artist many people look up to.

(オリジナル)

解説

テーマ 形容詞節をつくるものを整理する

関係詞 (関係代名詞・関係副詞) は形容詞節をつくるのが基本です (例外的な関係代名詞 what と複合関係詞 -ever はすでに出てきましたね)。

関係代名詞・関係副詞はもちろん、前置詞＋関係代名詞も形容詞節をつくります。また、関係詞が省略された "名詞 ＋ SV" の形も大事です。

1 形容詞節をつくる関係代名詞

解析

<The book report [that Mr. Sanders asked us to do φ]> is due (on Friday).
      S   V C

指針

that は何？

関係代名詞です。名詞 report の直後にあるので、関係代名詞 (形容詞節をつくる) ではないかと考え、後ろが「不完全」である (do の O が欠けている) ことを確認してください。

和訳例

サンダース先生が私たちに課していた [やるよう指示していた] 読書感想文は、金曜日が締め切りです。

2 形容詞節をつくる関係副詞

解析

She told us <the reason [why she wants to study artificial intelligence]>.
 S V O   O

! 指針

∅ the reason why を見たら？

関係副詞 why がつくる形容詞節が、直前の the reason を修飾していると考えます。ちなみに関係副詞の後は「完全」な形がきます。関係代名詞も関係副詞も「形容詞節をつくる」のが基本です。

和訳例

彼女は人工知能の勉強をしたい理由を私たちに話しました。

語句 ▶ artificial intelligence「人工知能」

③ 形容詞節をつくる前置詞＋関係代名詞

! 解析

This is <the hospital [at which I was born]>.
  S V   C

! 指針

∅ at which を見たら？

前置詞＋関係代名詞は形容詞節をつくります。at which I was born が直前の the hospital を修飾しています（前置詞＋関係代名詞の後ろには「完全」な形がきます）。ちなみに前置詞を後ろに置いた形でも OK です（この場合、This is the hospital which I was born at. のように、後ろには「不完全」な形がきます）。

和訳例

ここは私が生まれた病院です。

---

④ "名詞 ＋ sv" は関係詞の省略

!解析

Danny <u>became</u> <an artist [{that} many people look up to ϕ]>.
   S   V   C

!指針

✐ **an artist many people** という名詞の連続を見たら？

名詞が連続する部分には注意が必要です。"名詞 ＋ sv" の形であれば、sv の直前に関係詞が省略されています。ここでは、an artist と many people look up to の間に関係代名詞 that が省略されています（look up to の O がない「不完全」な状態）。

和訳例

ダニーは、多くの人々が尊敬する芸術家 [画家] になった。

語句 look up to ～ 「～を尊敬する」

チェックポイント

- ☑ 関係代名詞・関係副詞は形容詞節をつくる　　　◎ △ ✕
- ☑ 前置詞＋関係代名詞も形容詞節をつくる　　　　◎ △ ✕
- ☑ "名詞 ＋ SV" は関係詞の省略　　　　　　　　◎ △ ✕

副詞句（前置詞・不定詞の副詞的用法・分詞構文）

✦ **設問** 次の英文を和訳しましょう。

1 He took the train for Takasaki and got off at Ueno.

（オリジナル）

2 To charge his smartphone, Sam plugged it in.

（オリジナル）

3 Remembering his doctor's appointment, he headed for the clinic.

（オリジナル）

解説

テーマ 「副詞の働き」と「副詞句をつくるもの」を整理する

副詞は（文構造上では）脇役で「なくてもいいもの」という扱いです。しかし「余分なもの」を取り除けば英文の骨格が見えるので、その意味で副詞の判別は重要です。

※構造上で不要なだけで、意味上では「英文に装飾を加える（詳しく説明する）もの」として重要です。

副詞の「働き」についてのよくある説明は「副詞は動詞・形容詞・副詞・他の文を修飾する働き」というものですが、もっとシンプルに「副詞は名詞以外を修飾」と考えたほうが覚えやすいでしょう。

▶ **副詞の働き**

名詞以外を修飾（動詞・形容詞・副詞・文を修飾）

▶ **副詞句をつくるもの**

（1）前置詞句　　（2）不定詞の副詞的用法　　（3）分詞構文

※副詞句をつくるものは3つまとめてここで解説します。

副詞句・副詞節には、**（まるかっこ）**を使っていきます。

---

❶ **形容詞句や副詞句になる前置詞句**

🔍 解析

He took <the train [for Takasaki]> and got off (at Ueno).
　S　V　　　　O　　　　　　　　　　　　V　　　　M

⚠️ 指針

✍️ for Takasaki と at Ueno はそれぞれ何を修飾する？

前置詞のカタマリは形容詞句か副詞句になりますが、この文で、for Takasaki は形容詞句（名詞 the train を修飾）、at Ueno は副詞句（動詞 got off を修飾）です。

和訳例

彼は高崎行きの電車に乗って上野で降りました。

語句 get off「（電車などから）降りる」

② 文頭にきて動詞を修飾する to 〜

⚠️ 解析

(To charge his smartphone), Sam plugged it in.
　　　　M　　　　　　　　　S　　V　　O

⚠️ 指針

✍️ To charge his smartphone は不定詞の何用法？

後ろに SV (Sam plugged) があるので、To charge his smartphone は S にならない余分なカタマリ→副詞的用法です。意味の面からも「充電するためにつなぐ」と動詞を修飾するので副詞の働きです。

今回の "To 〜, SV" の形は副詞的用法になります。ちなみに "To 〜 V" なら名詞的用法でしたね（THEME 1）。

和訳例

サムはスマートフォンを充電するために、コンセントにつなぎました。

語句 charge「充電する」、plug 〜 in「〜をコンセトにつなぐ」※この in は副詞

❸ 動詞を修飾する分詞構文

◯解析

(Remembering his doctor's appointment), he <u>headed</u> (for the clinic).
　　　　　　M　　　　　　　　　　　　　　　S　　V　　　　M

◯指針

✍ Remembering 〜 の働きは？

後ろに SV (he headed) があるので、Remembering 〜 は（文構造上）不要な要素→副詞のカタマリだと判断できます（-ing 〜, SV の形）。副詞のカタマリをつくる **-ing** は分詞構文です。Remembering 〜 は動詞 headed を修飾しています（「思い出したので向かった」わけです）。訳は「なので」くらいですが、今は「分詞構文だと認識できること」自体が大事です。訳し方については Chapter 2 で解説します（93ページ）。

ちなみに "-ing is 〜" のように、-ing が S になっていれば、その -ing は動名詞でしたね（THEME 2）。

✍ head の品詞は？

head は名詞「頭」だけでなく、「頭」→「先頭」→「（先頭に向かって）進む」という動詞も大切です。ちなみに今回のような第1文型の動詞は「移動・存在」の意味になり、ここでの head は「移動」の意味だと考えれば OK です（101ページで詳しく解説します）。

和訳例

診察の予約を思い出したので、彼はクリニックに向かった。

語句 doctor's appointment「病院の予約」、head for 〜「〜に向かう」

チェックポイント

☑ 前置詞句は形容詞句か副詞句になる　　　◎ △ ✕
☑ "To 〜, SV" の形は副詞的用法　　　　　　◎ △ ✕
☑ "-ing 〜, SV" の形は分詞構文　　　　　　◎ △ ✕

副詞節（従属接続詞・複合関係詞）

✦ **設問** 次の英文を和訳しましょう。

1 You have to eat your vegetables whether you like them or not.

(オリジナル)

2 Whoever wins the presidential election, taxes will rise.

(オリジナル)

✦ 解説

> テーマ　**副詞節をつくるものを整理する**

ここでは「副詞節」をつくる文法事項を確認していきます。また、その副詞節が何を修飾するのかも意識してみてください（大半の場合、主節の動詞を修飾します）。

▶ **副詞節をつくるもの**

（1）従属接続詞（when・if型の接続詞）　　（2）複合関係詞

※副詞節をつくるものは2つまとめてここで解説します。

1 副詞節をつくる従属接続詞

🔍 解 析

You <u>have to eat</u> your vegetables (whether you like them or not).
　S　　　V　　　　　O　　　　　　　　　　　M

🔍 指 針

✍ **whether 〜 の働きは？**

whether you like them or not のカタマリは、動詞 have to eat を修飾しています（「好きでも嫌いでも<u>食べなくてはいけない</u>」となりますね）。動詞を修飾するのは副詞の役目です。

✍ **文が「完成している」という視点**

whether は名詞節をつくることもありますが、今回の英文では、eat の O が your vegetables で、この時点で英文は完成しています。whether you like them or not は「余分な要素」→「副詞節」とわかります。

和訳例

好きだろうが嫌いだろうが、（その）野菜は食べなければいけない。

② 副詞節をつくる複合関係詞

ⓘ 解析

(Whoever wins the presidential election), taxes will rise.
                   M   S   V

ⓘ 指針

⊘ Whoever ～ の働きは？

後ろに SV (taxes will rise) があるので、Whoever wins the presidential election は（文構造上）不要な要素→副詞のカタマリだと判断できます（Whoever ～, SV の形）。

もし Whoever ～ V の形なら、その Whoever は名詞節をつくります。

ですから、Whoever wins the presidential election の時点では名詞節なのか副詞節なのかは判断できず、その後ろの形を見て判断するわけです（この文と出だしが同じ文は61ページでやりました）。

和訳例

誰が大統領選挙に勝っても、税金は上がります。

語句 presidential election「大統領選挙」

チェックポイント

- ☑ 従属接続詞は副詞節をつくる　　　　　　　　　　　　　◎ △ ✕
- ☑ if・whether・that だけは名詞節の可能性もアリ　　　　◎ △ ✕
- ☑ whoever など -ever がつく形は名詞節か副詞節（形から判断）◎ △ ✕

Chapter

2

句と節の意識
（実戦演習）

Chapter 1 で基本の確認をしましたが、ここではその知識を入試問題で試してみましょう。特に受験生がひっかかるポイントが問われる英文を選びました。

節の意識

✦ **設問** 次の英文を和訳しましょう。

One thing we express when we speak is how what we say relates to where we are standing or sitting.

（宮崎大学／前期）

ナビ〉 howなど「節」をつくるものは「svを含むカタマリをつくる」「何節をつくるか？」
を意識しよう

ナビ〉 relate to 〜 「〜に関連している」

解説

テーマ | **節をつくる when・how・what の意識**

---

when は副詞節（接続詞の場合）か名詞節（間接疑問文の場合）をつくります。
how・what は名詞節（間接疑問文の場合）をつくります。
いずれにせよ、節をつくる以上は「sv を含むカタマリをつくる」ことも意識してください。

解 析

<One thing [{that} we express φ (|when| we speak)]> is
　　S　　　　　　　　　　　　　　　　　　　　　V

〈how <what we say> relates to <where we are standing |or| sitting>〉.
　　C　　(s)　　　(v)　　　　　　　　　　　(o)

指 針

One thing we express を見たら？

"名詞＋sv" なので関係詞の省略を考えます。we express の前に関係代名詞
that が省略されています。関係代名詞の後は「不完全」な形がくるので、こ
こでは express の O が欠けていることを確認してください。

when を見たら？

when sv の形を考えます。ここでは One thing we express when なので、
when 節が終わり次第、「One thing に対する述語動詞が出てくる」ことを
予想します。そして、when we speak の後の is が V だと判断します。

when は何節？

when は副詞節「〜するとき」です。もし when を名詞節「いつ〜」と考えると、
express の O になるので「完全」な形になってしまい、その後の is の説明がつ
きません（意味も不自然です）。

how what を見たら？

how は名詞節をつくり、how what (s) v V の形を予想します（what sv か

what v の形になる）。**what** 節が（**how** 節内の）s になると考えます（それに対する v は relates to です）。

✐ **where** を見たら？

relates to 〜 の後には名詞がくるはずなので、**where 〜** は名詞節をつくると考えます。

和訳例

| 直訳 |：私たちが話をするときに表現することの1つは、自分が言うことが、自分が立っている、あるいは座っている場所に、どのように関連するのかということだ。

| 意訳 |：私たちが話をするとき、話の内容が、自分が立っている、あるいは座っている場所に、どのように関連するのかを表現している。

※「自分が立っている場所に関連する」について説明します。もしみなさんが北を向いて立っていれば、東は右手、西は左手になりますね。次に180度回転して南を向くと、東は左手になり、西は右手にきますね。他にも、自分が坂の下にいれば「上り坂」と言い、同じ坂でも、上にいれば「下り坂」と言います。つまり、自分の立ち位置によって表現が変わってくるということです。

語句 express「表現する」

チェックポイント

☑ we express の前に関係代名詞の省略　　　　　◎ △ ✕
☑ One thing が S、is が V になる　　　　　　　◎ △ ✕
☑ when は副詞節、how・what は名詞節　　　　◎ △ ✕

THEME 15. 分詞の意識

✦ **設問** 次の英文を和訳しましょう。

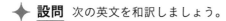 最後の their chance は「チャンス」と訳してください（ちなみにこの「チャンス」というのは「仕事をきっかけにアメリカで生活するチャンス」のこと）。

More and more, jobs historically done by vacationing students are being taken by older Americans forced to extend their working lives, or foreigners looking for their chance.

（横浜市立大学／前期）

ナビ〉 いくつもある -ing と p.p. の働きを考えよう（working lives「労働できる時間」 だけは決まり文句と考えてスルーして OK）

解説

テーマ **-ing** と **p.p.** の働きを考える

▶ **-ing** と **p.p.** の「働き」

	名詞句	形容詞句	副詞句
-ing	◎（動名詞）	◎（分詞修飾）	○（分詞構文）
p.p.	×		○（分詞構文）

(!) 解析

(More and more), <jobs [(historically) done (by vacationing 〜)]>
　　　　　　　　　　　　　S

are being taken (by older Americans [forced to extend 〜 working lives],
　　V

　　　　　　　　　or

　　　　　　　foreigners [looking for their chance]).

(!) 指針

⌀ jobs historically done を見たら？

"名詞 [p.p. 〜] V" の形を予想します。historically は done を修飾、その historically done がまとめて（厳密には done が）jobs を修飾します。
そして are being taken が V だと判断します（be being p.p. 「〜されている ところだ」）。SV の意味は「jobs は take されつつある」です。

⌀ by -ing（前置詞＋動名詞）に見えるけど……

by vacationing students の vacationing は「分詞」で、直後の students を修 飾します。動名詞 by -ing「〜することによって」ではありません。

✍ orが結ぶものは?

taken by 以下で、or によって 2 種類の人たち (older Americans と foreigners) が結ばれています。

✍ 各分詞の働きは?

done →分詞(名詞修飾)、vacationing →分詞(名詞修飾)、being →進行形＋受動態で使われる being、taken →分詞(受動態をつくる過去分詞)、forced →分詞(名詞修飾)、looking →分詞(名詞修飾)

※ working はスルーして OK です(これは動名詞)。working lives で 1 つの複合名詞となります(もし分詞なら名詞と分詞に SV の関係があるはずなので「lives が work する」ことになってしまう)。

和訳例

直訳 : ますます、休暇をとっている学生たちによって歴史的になされてきた仕事が、労働できる時間を延長することを強いられる歳を取ったアメリカ人、もしくはチャンスを探している外国人に取られつつある。

意訳 : 従来は休暇中の学生たちがやっていた仕事をますます、労働期間を延長せざるをえない年配のアメリカ人や、チャンスを求めている外国人が行うようになりつつある。

語句 more and more「ますます」、vacation「休暇をとる」、take「取る」、force 人 to ~「人 に無理に~させる」、extend「延長する」

チェックポイント

☑ S is being p.p. ~ という構造　　　　　　　　◎ △ ✕
☑ -ing と p.p.(working 以外)の働きを判別する　◎ △ ✕

-ing の判別 (1)

設問 次の英文の下線部を訳しましょう（人名はカタカナでOK）。

Consider Study Sapuri, a Japanese enterprise started in 2011 within the multibillion-dollar information-service and staffing company Recruit Holdings. Seeking to turn around Recruit's declining education business, Fumihiro Yamaguchi, a relatively new employee at the time, hatched a plan to create a website that helped students by giving them free access to study guides to university exams.

（慶応大学／環境情報）

> ナビ turn around は重要熟語だが、直訳から意味を予想してみよう
> ナビ hatch の本来の意味は「ふ化させる」だが、ここでの意味を予想してみよう
> ナビ access to ～「～への接近」→「～を利用する権利（利用できること）」
> ナビ study guides「学習教材」

✦ 解説

テーマ 文頭にくる分詞構文／分詞構文の訳し方

副詞の働きをする -ing は分詞構文と考えます。また、分詞構文の訳し方は一般的には以下のように説明されていますが、実際には「**位置で決まる**」と考えたほうが圧倒的にラクです。

▶ **参考：世間での分詞構文の訳し方**

> 1. 時「〜するとき」　2. 理由「〜なので」　3. 条件「もし〜すれば」
> 4. 譲歩「〜だけれども」　5. 付帯状況「そして〜・〜しながら」

▶ **分詞構文の「意味」**

> ①文頭　 -ing 〜 , SV. → 適当な意味
> ②文中　 S, -ing 〜 , V. → 適当な意味 (主語の説明が多い)
> ③文末　 SV{, } -ing 〜 . →「そして〜・〜しながら」

分詞構文が「前・真ん中」にある場合 (①・②) は、主節との関係から適切に訳せばOKです (決まった訳し方があるわけではない)。手っ取り早い方法は、分詞構文を「て・で」で訳すことです。「…して、SVだ」「…で、SVだ」と考えると大半の場合は意味がとれます。「家に帰って、テレビ見た」「転んで、ケガをした」という感じです。

それで意味を理解することは十分可能ですが、和訳するときは「なので・だから」など適宜使い分けることもあります (自然な日本語にするだけなので簡単です)。

※③のパターンは次項で扱います。

✦ 解析

Consider <Study Sapuri>, <a Japanese enterprise [started in 2011 〜]>.
　　 V 　　　 O 　　　　　　　 O と同格

(Seeking to turn around Recruit's declining education business),
　　　　　　　　　　　　　　 M

<Fumihiro Yamaguchi>, <a relatively new employee at the time>, hatched
     S   Sの同格   V

〈a plan [to create a website [that helped students
    O

(by giving them free access to study guides to university exams)]]〉.

！指針

⊘ Seeking を見たら？

seek to ～「～しようとする」、turn around ～「～を好転させる」という熟語です。turn around の目的語が Recruit's declining education business なので、ここまでが1つのカタマリです。その後にSV（Fumihiro Yamaguchi が S、hatched が V）があるので、この Seeking は分詞構文だと判断できます。

※turn around の直訳は「ぐるっとターンする・向きを変える」で、そこから「悪化する状況の向きを変える」→「好転させる」となります。難しい熟語ですが、ビジネスでは当然のように使われるので今後の入試では重要です。

ちなみに declining は現在分詞です（直後の education business を修飾）。

⊘ Seeking to ～ をどう訳す？

文頭にある分詞構文なので、基本は「て・で」を利用して「適当」につなげます。「～しようとして」で十分なのでそのままでも OK ですし、文脈を考えて「～するために」としてもいいでしょう。

⊘ a relatively new employee を見たら？

Fumihiro Yamaguchi が S で、その直後に続く a relatively new employee at the time は S の同格です。このように固有名詞の後に同格が続いて、その名詞を説明することは多々あります。V を見失わないようにしましょう。

⊘ hatched a plan to ～ を見たら？

to は形容詞的用法で、plan を後ろから修飾します。hatch a plan で「計画を立てる」という意味ですが、hatch は本来「ふ化させる」なので、ここでは「ゼロから生み出す」くらいの意味を予想すれば OK です。

ⓓ a website that helped を見たら？

「文中の that で、直後に動詞がある」ときは関係代名詞 that です。

by -ing「〜することによって」、access to 〜「〜への接近」→「〜を利用する権利（利用できること）」はよく使われる表現です。

by の後ろは give 人 物 の形で、人 が them、物 が free access to study guides to university exams です。

和訳例

（例として）スタディサプリを考えてみよう。これは2011年に数十億ドル規模の情報サービス及び人材派遣会社のリクルートホールディングス内で立ち上げられた日本の事業である。リクルート（社）の低迷する教育事業を立てなおそうとして、当時は比較的新人だった［当時は割と社歴が浅かった］ヤマグチフミヒロ［山口文洋］は大学受験のための学習教材を無料で提供して生徒の役に立つウェブサイトを作りあげる計画を立てた。

語句

consider「よく考える」、enterprise「事業」、multibillion「数十億の」、staffing company「人材派遣会社」、decline「衰退する・低下する」、relatively「比較的」、create「作る」

チェックポイント

- ☑ Seeking は分詞構文　　　　　　　　　　◎ △ ✕
- ☑ a plan to 〜 は「〜する計画」　　　　　◎ △ ✕
- ☑「文中 that、直後に動詞」→ 関係代名詞の that　◎ △ ✕

-ing の判別 (2)

✦ **設問** 次の英文の下線部を訳しましょう。

Our family dog Sandy is a golden retriever. He sits in front of our house all day waiting for someone to arrive and throw a stick for him. Chasing sticks or tennis balls and bringing them back is the major activity in his life.

（甲南大学／文・理工・経済・法・経営・知能情報・マネジメント創造）

ナビ〉 waiting・Chasing・bringing の文法的役割を考えよう

ナビ〉 all day「一日中」　※副詞の役割

ナビ〉 stick「小枝」

✦ 解説

テーマ **-ing の判別 (分詞構文 vs. 動名詞) ／文末にくる分詞構文**

分詞構文の「意味」は前項で解説した通り、位置によって決まります。分詞構文が「後ろ」にある場合 (SV -ing 〜. の形) は「**SV だ。そして〜だ**」もしくは「**〜しながら SV だ**」と考えます (どちらの訳でも OK ということも多いです)。

意味を理解するにはこれだけでうまくいきます。ただ、訳すときに「そして〜・〜しながら」よりも、「〜なので」などとしたほうが自然になることもごく稀にあります。そんなときは訳語を探すのではなく「**後ろにきた分詞構文はあくまで補足説明**」という核心から考えれば、適切に訳せますのでご安心を。最初は必ず「そして〜・〜しながら」から考えるようにしてください。

🔍 解析

<Our family dog> <Sandy> is <a golden retriever>.
     S   Sと同格 V   C

He sits (in front of our house) (all day)
S V   M   M

(waiting for someone to arrive ┆and┆ throw a stick for him).
                   M

<Chasing sticks ┆or┆ tennis balls ┆and┆ bringing them back> is <the 〜>.
                       S   V   C

🔍 指針

✐ waiting を見たら?

sit は自動詞で、この時点で完全な形になっています。続いて副詞句がきたその後に waiting が出てくるので「**この -ing は余分→分詞構文**」と考えます。後ろに分詞構文があるので「そして〜・〜しながら」で訳します。今回は「待ちながら」がよいでしょう。

✐ Chasing ～ and bringing ～ を見たら？

後ろにisがあるので、その-ingのカタマリは「Sになる→名詞の働き→動名詞」
と考えます（"-ing is ～"の形）。動名詞なので「～すること」と訳せばOKです。

※ -ingが2つありますが「chaseとbringをセットで1つの動作」と考えているようで、is
　が使われています。

ちなみにレトリバーは「retrieve（物を取ってくる）する性質がある犬」で、
今回の英文ではretrieveをchase + bring backで表しているわけです。

和訳例

直訳：彼は一日中我が家の前に座る。誰かが来て彼に小枝を投げてくれない
　　　かと待ちながら。小枝やテニスボールを追いかけることと、それらを
　　　持って帰ることが、彼の生活での主要な活動なのだ。

意訳：我が家の飼い犬のサンディはゴールデンレトリバーだ。サンディは一
　　　日中、家の前に座り、誰かがやって来ては小枝を投げてくれないかと
　　　待っている。小枝やテニスボールを追いかけ、持ってくることが、サン
　　　ディにとって（一番）大事な仕事なのだ。

語句 ▶ wait for 人 to ～「人が～するのを待つ」、chase「追う」、major「主
　　　な」（the major と the がつくと「一番の」というニュアンスになる）

チェックポイント

☑ waiting は分詞構文　　　　　　　　　　　　　　◎ △ ✕

☑ 分詞構文が後ろにある場合は「そして～・～しながら」　◎ △ ✕

☑ Chasing と bringing が and で結ばれて S になる　　◎ △ ✕

文型の威力

誰もが習う5文型ですが、実は文型ごとに「動詞の意味」がある程度は決まっています。つまり知らない動詞でも意味を予測することができるのです。その素晴らしい技をここで習得していきましょう。

文型 (1)

✦ **設問** 次の英文を和訳しましょう。

The bear emerged from its den after staying there all winter long.

（オリジナル）

ナビ〉「文型」を考えよう

ナビ〉den「巣・ねぐら」

ナビ〉all ～ long「～の間ずっと」（例：all day long「一日中」）

✦ **解説**

テーマ **SV(M)のVは「存在・移動」の意味から考える**

文型ごとの「動詞の意味」には、次のような傾向があります。

▶ **文型ごとの代表的な「動詞の意味」**

	代表的な意味	代表的な動詞の例	例外
第1文型 (SVM)	「いる・動く」	live「住む」 walk「歩く」	look「見る」など
第2文型 (SVC)	「イコール」	be「なる・〜だ」、 seem「〜のようだ」	——
第3文型 (SVO)	様々な意味があり、1つに決まらない ※第3文型だけは単語力勝負		
第4文型 (SVOO)	「与える」	give「与える」 show「見せる」	take型「奪う」 ※111ページ
第5文型 (SVOC)	「OにCさせる」、 「OがCだとわかる」	make「させる」 find「わかる」	——

次の5つの文では動詞がすべてgetなのですが、見事に文型ごとに意味が違っています。誰もが知っている「得る」は第3文型でしか使われないのです。第4文型にいたっては「得る」の反対の「与える」という意味になります。ここからも「文型の大切さ」が感じとれるでしょう。

第1文型：Gordon got to the station on time.
　　　　「ゴードンは時間通りに駅に着いた」　※get「移動する・着く」

第2文型：University tuition is getting higher and higher.
　　　　「大学の授業料はどんどん高くなっている」　※get 〜「〜になる」

第3文型：My mother got a vaccine.

「母はワクチンを接種した」　※get「得る」

第4文型：This coupon will <u>get</u> you a free cookie.
「このクーポンであなたは無料のクッキーをもらえます」
※get「与える」

第5文型：The news <u>got</u> him excited.
「その知らせで、彼はテンションが上がった」　※get「させる」

⦿ 解 析

The bear <u>emerged</u> (from its den)〔after staying (there) (all 〜)〕.
　S　　　V　　　　　M　　　　　　　　M

⦿ 指 針

⊘ emerge の意味を知らない場合は？

第1文型 (SVM) なので、動詞emerge は「いる・動く」と予想できます。
fromがあるので「巣から移動する」→「巣から出る」と判断すればOKです。
emergeの辞書的な意味は「出現する」ですが、むしろそれを知らずに予想したほうが自然な和訳になりますね。
ちなみにstaying も第1文型（動名詞になっているので主語はないが、直後に副詞thereがある）ので、これも「存在・移動」で解釈でき、無理に「滞在する」なんて訳すより、単に「いる」のほうが自然な和訳になります。

和訳例

直訳：その熊は、巣から現れた。冬の間ずっとそこにいた後に。
意訳：その熊は、冬中ねぐらで過ごした後、そこから出てきた。

チェックポイント

☑ 第1文型 (SVM) の動詞は「存在・移動」　　　◎ △ ✕

102

THEME 19. 文型 (2)

✦ **設問** 次の英文を和訳しましょう。

The book lay open on the desk.

（オリジナル）

ナビ〉 文型を考えよう

ナビ〉 open の品詞を考えてみよう

Chapter 3 文型の威力

解説

テーマ **SVCのVは「イコール」の意味から考える**

SVCではS＝Cになります。Cに形容詞がくることが多いので、これを逆手にとると「"V＋形容詞（-ing／p.p.）"の形であればSVCになる」→「その場合の動詞は『イコール』の意味になる」と予想できます。

解析

The book <u>lay</u> open (on the desk).
　S　　V　　C　　　M

指針

⊘ openの品詞は？

lay（lieの過去形）が動詞である以上、（動詞が2つ続くわけがないので）このopenは形容詞です。"動詞＋形容詞"→SVCと判断できるので「その本＝openの状態」→「本は開いていた」と予想できます。

ちなみに、このlieは「〜のままである」という意味です（「ある・いる・横になる」の意味は第1文型のときです）。もしlieの意味を知っていれば「本は開いたままである」というニュアンスまで理解できますが、知らなくてもある程度の意味が予想できるわけです。

和訳例

直訳：その本は机の上に開いた状態であった。
意訳：その本は机の上に開いたままになっていた。

チェックポイント

☑ V＋形容詞の場合、Vは「イコール」の意味　　◎ △ ✕
☑ openは動詞の他に形容詞も大事　　◎ △ ✕

THEME 20. 文型 (3)

✦ **設問** 次の英文を和訳しましょう。

⬛ 文頭の Lustig「ラスティグ」は学者の名前。

Lustig stresses that social media should be used carefully and strategically, and not as a replacement for interpersonal relationships.

（早稲田大学／商）

ナビ〉 V と O をハッキリさせよう

ナビ〉 2 つめの and 以降は「省略」を考えよう

Chapter 3

文型の威力

"SV that 〜"の形は「Sは〜と思う・言う」の意味

残念ながら第3文型だけは単語力勝負で、それぞれの単語を知っておくしかないのですが、そんな第3文型にも強烈な必殺技が1つだけあります。上記のように"SV that 〜"の形の（直後にthat節を目的語にとる）動詞は「思う」か「言う」という意味になるのです。これを使えば、知らない動詞の意味も大体予想できるようになります。

解析

Lustig stresses <|that| social media should be used (carefully and 〜),
  S   V   O   (s)   (v)

                   |and|

                   {should} not {be used} (as 〜)>.
                          (v)

指針

✎ stressの意味を予想しよう

stressがVで、直後にthat節がきています。よって、仮にstress「強く主張する・強調する」を知らなくても、「思う・言う」だと予想できます。ここでは「〜だと思っている・考えている・言っている・主張している」といった感じです。

※もちろん厳密には「言う・（強く）主張する・強調する」ですが、大体の意味は把握できてしまいますね。きっと「思う」で訳しても減点なしか、あってもほんの少しでしょう。

✎ and以下では何が省略されている？

省略は（「関係代名詞の省略」など文法的なものを除けば）「前に出てきたものが繰り返されるから省略する」というのが大原則です。notは動詞の前後につくのが普通ですから、前にある動詞を補って考えてみればOKです。ここではshould be usedにnotがついたものと考えれば意味も通ります。

❷ that 節の範囲は？

この部分に省略があることから、that 節の範囲は（〜 carefully and strategically までではなく）、文末までだとわかります。「〜すべきであって、〜すべきではない、とラスティグは言っている」となります。

和訳例

|直訳|：ラスティグは言う（考える）。ソーシャルメディアは慎重に、そして戦略的に使われるべきで、対人関係の代わりになるものとしてではないと。

|意訳|：ラスティグは、ソーシャルメディアは慎重かつ戦略的に使われるべきで、対人関係の代替として使われるべきではないと強く主張する。

語句 strategically「戦略的に」、replacement「代替（品）」、interpersonal relationship「人間関係・対人関係」

チェックポイント

☑ SV that 〜 の V は「思う・言う」	◎ △ ✕
☑ 省略は前に出てきたものを補う	◎ △ ✕
☑ that 節の範囲（どこまでか？）をきちんと捉える	◎ △ ✕

文型 (4)

✦ **設問** 次の英文の下線部を訳しましょう。

I enjoyed your story very much. <u>God has granted you a special talent</u>. It is now your duty to hone that talent, because a person who wastes his God-given talents is a donkey.

（九州大学／前期）

ナビ〉 文型を考えよう

ナビ〉 hone「磨きをかける」

ナビ〉 donkey「愚か者」（本来は「ロバ」の意味）

解説

テーマ **SVOO の V は「与える」という意味**

SVOO をとる動詞は「与える」という意味がベースにあります。give は言うまでもなく、teach は「知識を与える」、show は「視覚情報を与える」、lend は「一時的に与える」ということですね。もちろん微妙なニュアンスは違いますが、知らない動詞が "V 人 物" の形になっているときは「与える」と考えてみればいいのです。

※ほんの少しだけ、正反対の「奪う」という動詞もありますが、それは次の問題でしっかりチェックします。

解析

I enjoyed <your story> (very much). God has granted you <a special talent>.
S　V　　　　O　　　　　　　　　　S　　　V　　　　O　　　O

It is now <your duty> <to hone ～>, (because <a person [who ～]> is a donkey).
仮S V　　　　C　　　　真S　　　　　　　　(s)　　　　　　　　(v)　(c)

指針

grant の意味は？

grant「与える」を知らなくても、"V 人 物" の形から「与える」と予想できます。ちなみに、ここでの「神が与える」というのが、下線の次の英文で God-given「神に与えられた」に言い換えられています。

和訳例

君の書いた物語をとても楽しく読ませてもらったよ。神様は君に特別な才能を与えたんだね。神様に与えられた才能を無駄にする人はロバのような愚か者だから、次はその才能を磨くのが君の役目だよ。

語句 talent「才能」、duty「義務」

チェックポイント

☑ "V 人 物" の V は「与える」　　　　　　　◎　△　✕

文型 (5)

設問 次の英文の下線部を訳しましょう。

筆者は、庭にあるアリ塚を観察して自然界の偉大さを実感している。

<u>Ants can teach us what it takes to be a successful species</u>, a species that has successfully existed for tens of thousands of years.

（白百合女子大学／文）

ナビ	文型を考えよう
ナビ	what は何節？
ナビ	it や to の働きは？

解説

テーマ **SVOO で「奪う」という意味になる動詞**

"V 人 物" の形で、「与える」の正反対の「人 から 物 を奪う」という意味になる特殊な動詞があります。数は少ないので、これさえ覚えてしまえば、後は知らない動詞を「与える」と訳す技を自由に使えるようになります。以下の take 型の動詞はどれもバラバラに教わりますが、実はすべて "V 人 物" の形で「奪う」という意味がベースになっているのです。

※「ギブ&テイク(与えること&もらうこと)」という言い方から、give の反対が take だとわかりますね。

▶ **take 型**　基本形：take 人 物「人 から 物 を奪う」

> take 人 時間 「人 に 時間 がかかる」 ※「人 から 時間 を奪う」
>
> cost 人 金・命 「人 に 金 がかかる・人 の 命 が犠牲になる」
> ※「人 から 金・命 を奪う」／take と cost では 人 はよく省略される
>
> save 人 手間・金 「人 の 手間 が省ける・金 が節約できる」
> ※「人 から 手間・金 を奪う」
>
> spare 人 手間 「人 の 手間 が省ける」
> ※「人 から 手間 を奪う」／spare 人 時間・金 の場合は原則通り give 型「与える」の意味で使われる
>
> owe 人 金 「人 から 金 を借りる」 ※「人 から 金 を(一時的に)奪う」
>
> deny 人 物 「人 に 物 を与えない」 ※「人 から 物 を(一時的に)奪う」

解析

Ants <u>can teach</u> us ⟨what it takes φ to be a successful species,
　S　　V　　O　　　　　　　　　O

⟨a species [that has successfully existed (for tens of thousands of years)]⟩⟩.
a successful species の同格

🅠 指針

🖉 teach がとる文型は？

おなじみの "teach 人 物" の形で、これは「知識を与える」→「教える」で問題ありませんね。物 のところに what 節がきています（what は名詞節をつくる）。

🖉 what 節の中はどんな構造？

take { 人 } 時間「{ 人 に } 時間 がかかる」は、take 本来の「奪う・とる」という意味からきています。ここから発展して「奪う・とる」→「必要とする」という意味で使われ、It takes 名詞 to 原形「〜するのに 名詞 が必要である」となります。

さらにこの 名詞 が関係代名詞 what になり前に出れば **what it takes to 原形**「〜するのに必要なもの」となるのです（この形は難関大でよく問われます）。

和訳例

直訳：アリは私たちに、成功する種になるために（彼らから）奪うもの・とるものを教えることができる。

意訳：私たちはアリから、勝ち組の種として [生き延びてきた種として]、つまり何万年もうまく生き延びてきた種として、必要なものを学ぶことができる。

※a species 〜 は直前の a successful species の同格（言い換え）です。

語句 ▶ successful「成功する」、species「(生物の) 種」、exist「存在する」

チェックポイント

☑ what が名詞節をつくる   ◎ △ ✕

☑ what it takes to 原形 の形と意味   ◎ △ ✕

文型 (6)

✦ **設問** 次の英文を和訳しましょう。

Seeing the testimonies of so many people who claimed that the nutritional supplement made them feel healthier induced Emma to purchase some pills for herself.

（オリジナル）

ナビ〉 文型を考えよう

ナビ〉 Seeing 〜 は何節？

ナビ〉 testimony「証言・口コミ」

解説

SVOCの自然な訳し方

The news made me happy. を「そのニュースは私を幸せにした」ではなく、「そのニュースを聞いて私は喜んだ」と意訳できることはおなじみですが、その理屈をきちんと解説すると以下のようになります。

▶ SVOCを自然に訳す

	S	V	O	C
英文中での働き	M'（原因・理由）	×（無視or助動詞的・副詞的なニュアンス）	s'（主語）	v'（動詞）
和訳	「Sによって」	（ナシor動詞に＋αの意味を加える）	「Oが」	「Cする・Cになる」

SV 人 to ～ という形もSVOCをとります。この形をとる動詞は無数にあるので、知らない動詞のときほどこのSVOCの訳し方が役立ちます。

他の文型と違って、SVOCの場合はVそのものの意味を予想するのではなく、その前後（SとOC）を含めた、英文の構造を予想できます。つまりVそのものは意味を持たず「SによってOがCする（Cになる）」と予想できるわけです。

① 解析

⟨Seeing ～ [who claimed <that the ～ made them feel healthier>]⟩
　　S　　　　　　　　　　　　　(s)　(v)　(o)　　(c)

induced Emma to purchase some pills (for herself).
　V　　　O　　　　　　C

① 指針

⌬ Seeingを見たら?
Seeingのカタマリの後にV（induced）があるので、「Sになる→動名詞」だと判断します。

114

⊘ 文型は？

induced 人 to ～ の形なので、第5文型 (SVOC) だとわかります。induce の意味を知らなくても、「Seeing することによって、Emma は purchase した」と意味をとることができます。

※ induce「～する気にさせる」の意味を知っていれば、動詞のニュアンスを加えて「purchase する気になった」と付け足すこともできますが、知らない場合でもほぼ同じ意味をとることができるわけです。しかも induce には「～する気にさせる（そして実際にする）」という含みがあるので、むしろ意味を知らないほうがそのニュアンスが出ます（訳出する必要はありません）。

⊘ people who claimed that を見たら？

who は直前の people を修飾します。claimed that の後には sv がくるはずです。それが the nutritional supplement made them feel healthier で、ここにも svoc が含まれています。ここも「the nutritional supplement によって、them は feel healthier だ」と訳せます。

※ claim は、日本語の「クレーム (不満を言う)」ではなく、「主張する」という意味です。

和訳例

直訳：その栄養サプリメントが人を健康だと感じさせると主張するとてもたくさんの人の証言を見ることは、エマを、自分のために何錠か買う気にさせた。

意訳：その栄養サプリメントによって（のおかげで）もっと健康になった気がすると言う、とてもたくさんの人たちの口コミを見て、エマは自分用に何錠か買う気になった。

語句 testimony「証言」、claim「主張する」、nutritional「栄養の」、supplement「サプリメント」、pill「錠剤・薬」

チェックポイント

☑ Seeing は動名詞 (ただし訳すときは副詞っぽく)　◎ △ ✕
☑ induced 人 to ～ と make OC の形　◎ △ ✕
☑ 2つの SVOC を自然に訳す　◎ △ ✕

文型 (7)

◆ **設問** 次の英文を和訳しましょう。

▗▖「遅刻に対する考えは文化によって違う」という話。

In a time-bound society like Britain, lateness is usually interpreted as a sign of poor discipline or rudeness, whereas in a time-blind society like Spain, it is more likely to be seen as a sign of status. In countries like Spain people see those who come very late as having high status.

(愛知大学／法)

ナビ〉 a time-bound society は「時間に厳しい社会」、a time-blind society は「時間に緩い社会」

ナビ〉 interpret や see を「知らない」つもりで考えてみよう

ナビ〉 whereas の品詞は？（知らない場合はぜひ辞書でチェックを）

◆ **解説**

テーマ **Ｖ Ａ as Ｂ は「ＡをＢとみなす」の意味になる**

"Ｖ Ａ as Ｂ" という形では、動詞は「ＡをＢとみなす」という意味になります。文法問題でよく出るため regard A as B、look on A as B、think of A as B だけを習うことが多いのですが、他の動詞であっても「みなす」と考えることができます（長文でよく出るのが、see・take・view・identify・refer to）。もちろん文字通りの意味（たとえば identify は「同一視する」）で意味が通ればそれで構いませんが、意味を知らない場合や、知っていてもうまく訳せない場合は「みなす」を使えば OK ということです。

※ He uses the box as a chair. は "Ｖ Ａ as Ｂ" の形なので、仮に use を知らないとしても、「彼はその箱をイスとみなす」で（この訳では満点ではないものの）大体の意味を理解することができますね。

ちなみに、この "Ｖ Ａ as Ｂ" の例外（「みなす」という意味にならないもの）で大事なのは、S replace O as 〜「〜として、S は O の代わりになる」と、S strike [impress] 人 as 〜「S は 人 に〜という印象を与える」だけです。

解 析

(In 〜), lateness is (usually) interpreted (as a sign of poor 〜),
            S   V   C

(whereas (in 〜), it is more likely to be seen (as a sign of status).
                (s)   (v)   (c)

(In 〜) people see <those [who come very late]> (as having high status)).
         (s')   (v')   (o')   (c')

指 針

🖉 **interpreted を知らない場合は？**

interpret「解釈する」は必修単語ですが、仮に知らない場合は is interpreted as が、Ｖ Ａ as Ｂ の受動態 "A is p.p. as B" になっているので、「A は B とみなされている」と訳せば OK です。

※今回は「解釈されている」「みなされている」、どちらでも自然です。

⊘ whereasを見たら？

whereas「〜する一方で」は従属接続詞なので、直後にsvを予想します。今回は直後に前置詞句（in 〜）がありますが、その後にsvが出てきます。Whereas sv, SV の形が基本ですが、今回は文中に出てきたので、SV whereas sv の形です。

⊘ be seen as 〜 をどう訳す？

これも、be p.p. as 〜 なので「みなされる」という訳が一番ですね。

⊘ seeをどう訳す？

これもV A as Bの形です。Aが長く（those who 〜「〜する人々」）、asの後に -ing がきているので見抜きにくいですが、やはり「みなす」で解決します。
※このように「Bに形容詞・分詞」がくることもよくあります。

和訳例

イギリスのような時間に厳しい（時間に縛られた）社会では、遅刻は自制心が乏しいか無礼を表すものと普通はみなされる。対して、スペインのような時間に緩い（時間を見ようとしない）社会では、遅刻は社会的地位の象徴とみなされることのほうが多い。スペインのような国では、（人は）すごく遅れて来る人たちを地位が高いとみなすのだ。

語句 lateness「遅刻」、sign「合図、しるし、表すもの」、discipline「自制心」、rudeness「無礼」、be likely to 〜「〜しそうだ」、status「地位」

チェックポイント

☑ V A as B (A is p.p. as B)のVは「みなす」	◎ △ ✕
☑ 従属接続詞whereas の形を意識する	◎ △ ✕

SV の把握

英文の根幹は SV ですから、S と V を把握することは
英文の骨組みを掴む上で最重要事項となります。普段
はそんなに難しくない SV の把握ですが、ここでは
SV が把握しにくい、かつ入試によく出るパターンの
英文で演習していきます。

SV の把握 (1)

✦ **設問** 次の英文を和訳しましょう。

Of 827 suggestions received by the new boss of an American university for how the institution could be improved, 581 involved adding new things, such as more grants for studying abroad.

（三重大学／前期）

> ナビ〉 メインのSVをよく考えよう
> ナビ〉 institution「施設（ここでは大学を指す）」
> ナビ〉 grant「補助金」

解説

テーマ **長い副詞に惑わされずにSVを見つける**

実際の英文では文頭にSVがあるとは限らず、「副詞（副詞句・副詞節）」が置かれることも多いです。副詞一語（例：However「しかしながら」）なら簡単ですが、これが長い副詞句・副詞節になるとSVを見失うことがあります。

解 析

(Of 827 suggestions [received by the new boss of an American

university] [for <how the institution could be improved>]),

581 involved <adding new things, [such as more grants for studying

　S　　V　　　　　　O

abroad]>.

指 針

文頭のOfを見たら？

「前置詞句が主語になることはない」ので、"Of 名詞 , SV" の形を予想します。前置詞の後の 名詞 が長いときは「いつか後でSVが出てくるんだ」と意識する必要があります。

receivedは過去形？ 過去分詞形？

前置詞の後にSVはこないので、receivedは過去分詞形です（直前のsuggestionsを修飾）。
Of 827でいったん切れて、suggestionsがSでreceivedがVと考えることはできません（receivedのOがない、その後の形の説明がつかないといった理由）。

for howを見て何を考える？

前置詞forの後に名詞節（how 〜）がきていると考えます。how svの形になるので、how the institution could be improvedというカタマリが、forのOになっていると判断します。

🖉 581の働きは?

直前のコンマでof 〜 のカタマリが終わるので、晴れてSVが登場すると考えます。数字が単独で主語になるケースは珍しいだけに、「SVがくる」という意識を持っていないと見つけにくいでしょう。この581はSになっていて、581 suggestionsのことです。よって、直後のinvolvedがVだと判断します。全体のざっくりした意味は「827のうち、581は含んだ」です。

直訳：あるアメリカの大学の新しい責任者によって受け取られた、どのようにその施設が改善されることができるのかについての827の提案のうち、581が、海外留学のためのもっと多い助成金のような、新しいものを増やすことを含んでいた。

意訳：あるアメリカの大学の新任学長が受けた、大学改善のための827の提案のうち、581の提案が新しいものを増やすというものだった。たとえば海外留学のための助成金を増やすといったものであった。

※involveは「含む」より「イコール」の関係で考えたほうが自然になります（192ページ）。

語句 suggestion「提案」、involve「含む・〜である」、add「加える」、study abroad「留学する」

チェックポイント

☑ 文頭のOfで、"Of 名詞 , SV" の形を予想する　　　◎ △ ✕
☑ howが名詞節をつくる　　　　　　　　　　　　　◎ △ ✕

THEME
26.

SVの把握 (2)

✦ **設問** 次の英文を和訳しましょう。

The impression that our lives speed up as we get older is so widespread that it has become conventional wisdom.

（東京農工大学／前期／農・工）

ナビ〉 SVを把握しよう

ナビ〉 同格のthatに注意しよう

解説

テーマ 「長いS」を見抜く（その1）

▶ Sが長くなるパターン

> (1) Sそのものが長くなる
>   ①名詞句（動名詞など）　②名詞節（that節など）
> (2) Sに後置修飾がくっついて長くなる
>   ①形容詞句（to不定詞など）　②形容詞節（関係詞など）
> (3) Sに補足説明がくっついて長くなる
>   ①Sに「同格のthat」がつく　②Sに「同格の名詞」が続く

(1) は名詞をつくるもの（THEME 1〜）、(2) は形容詞をつくるもの（THEME 8〜）の内容なので、ここでは (3) を確認しましょう。よく出て、かつミスしやすい①の同格のthatを扱います。

※ (3)②「同格の名詞」のパターンは66ページなどに出ています。

🔍 解析

〈The impression < that our lives speed up (as we get older)>〉
　　　　　　S　　　　　　　　　　(s)　　(v)

is so widespread (that it has become conventional wisdom).
V　　C　　　　　　　　(s)　(v)　　　　　　　(c)

🔍 指針

🖊 The impression that を見たら？

名詞の後に続くthatは関係代名詞（後ろが不完全）か同格（後ろが完全）ですが、どちらにしろThe impression that 〜 Vという形を予想します（長いSの後にVがくる）。

ここではthatの後が、our lives speed upで、その後は副詞節（as we get older）で「完全」な形なので「同格のthat」です。

これが終わってやっとisが出てくる形です。

※「同格」という以上は、厳密には<The impression> <that 〜>のように名詞が2つ並ぶ

のですが、本書では同格の that は、〈The impression <that ～>〉と表記します（こっちのほうが直観的に同格を理解しやすいため）。

🖋 as の意味は？

「比例（～するにつれて）」です。「変化動詞（speed up・get）」や「比較級（older）」がヒントです（詳しくは157ページで）。

🖋 so を見たら？

so は本来「それほど」という意味で、前後に「どれほどか？」を説明する表現が出てくるのが普通です。ここでは so ～ that ... 構文「それほど～だ。どれほどかというと…」があります。この流れを意識した上で学校で最初に教わる「とても～なので…だ／…なほど～だ」という訳し方をおさえておきましょう。

和訳例

年をとるにつれて人生が早くなる［人生が進むスピードが速くなる］という印象は、かなり浸透しているので、社会通念となっている［常識と言えるほど浸透している］。

語句 ▶ impression「印象」、widespread「広まって・浸透して」、conventional wisdom「社会通念」

チェックポイント

☑ The impression that sv ～ V の形　　　　　◎　△　✕
☑ as の「～するにつれて」の意味　　　　　　◎　△　✕
☑ so ～ that ... 構文　　　　　　　　　　　　◎　△　✕

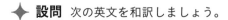

◆ 設問 次の英文を和訳しましょう。

While NHK, which is taking advantage of its huge subscription fee income, creates high-quality dramas and variety shows, some have pointed out that programs broadcast recently by private terrestrial* TV stations have become boring.

※ terrestrial：地上波放送の

（大分大学／前期／教育）

> ナビ〉 While がとる形を意識しよう
> ナビ〉 SV を把握しよう
> ナビ〉 broadcast は無変化動詞（broadcast-broadcast-broadcast）

解説

テーマ 　「長いS」を見抜く（その**2**）

ここではSに関係詞や過去分詞（過去形と同じ形なのでまぎらわしいもの）が
ついたパターンをチェックしてみましょう。

解 析

(While <NHK, [which is 〜]>, creates 〜 shows), some have pointed out
　 (s) 　　　　　　　　　　 (v) 　　 (o) 　　 S 　　　　 V

〈 that <programs [broadcast recently (by 〜)]> have become boring〉.
　 O 　　 (s) 　　　　　　　　　　　　　　　　 (v) 　　　 (c)

指 針

🖉 While を見たら？

whileは従属接続詞なので、**While sv, SV**の形を考えます。「svする間にSVだ」
は有名ですが、入試では「svする一方でSVだ」になるケースが多いことに注
意してください。今回も文脈から「一方で」と判断します。

🖉 NHK, whichを見たら？

NHKの後に関係代名詞whichがあるので、"**s, which 〜 , v**"の形を予想しま
す。ここではcreatesがvだと判断します。
また、createsのoがhigh-quality dramas and variety showsなので、この
後のsome have 〜 が主節SVです。

🖉 programs broadcastを見たら？

point outのOにはthat節がきています。that節からまたsvが出てくるわ
けですが、programs broadcastを見たとき、このbroadcastを過去形と考
えると、これがsvになるはずです。ところがそれでは後ろにある動詞have
becomeの説明がつきません。
このbroadcastは過去分詞で、直前のprogramsを修飾しています（broadcast
は過去形・過去分詞形が同じ形）。that節の中に長いsがあり、have become

| がVだったわけです。

和訳例

[直訳]：NHKは多額の受信料収入を活用して質の高いドラマやバラエティ番組を制作している一方で、民間の地上波テレビ放送局によって最近放送されている番組は退屈なものになってきたと指摘する人もいる。

[意訳]：NHKが多額の受信料収入を活用して質の高いドラマやバラエティ番組を制作している一方で、民間の地上波テレビ放送局が最近放送している番組は退屈なものになってきたという指摘もある。

語句 ▶ take advantage of ～「～を利用する・活用する」、huge「巨大な・多大な」、subscription「購読・定額制」、fee「料金・手数料・会費」、income「収入」、point out「指摘する」、program「番組」、broadcast「放送する」、private「民間の」、station「放送局」、boring「退屈させるような」

チェックポイント

☑ While sv, SV の形　　　　　　　　　　　◎ △ ✕
☑ broadcast が過去分詞で前の名詞を修飾する　◎ △ ✕

Chapter

5

不足・省略・反復

「関係代名詞の後に名詞が欠ける」ことや、英語でよくある省略・反復を扱います。普段はさほど気にしないかもしれませんが、特に入試で狙われそうなパターンがあるので、それをここで演習していきます。

関係詞（1）

✦ **設問** 次の英文を和訳しましょう。

Crying is the only language newborn babies have to express their emotions, or feelings.

（中京大学／国際英語・心理・法・商）

ナビ〉英文を読むとき、have は「ハヴ」、「ハフ」のどっち？

ナビ〉emotions, or feelings「感情、つまり気持ち」

✦ 解説

テーマ **関係代名詞の後の「不完全」を意識する (その1)**

▶ 長文で関係代名詞があれば……

> ①形容詞節をつくる (名詞を修飾)　②後ろには「不完全」な形がくる

今回は②「不完全な形 (S・O・Cが欠けた形) がくる」ことに注目してください。不完全であることがわかりやすい形 (例：前置詞の後の名詞が欠けている) なら簡単なのですが、たまに「欠けているところを探す (ある意味、無理やりこじあける)」意識が必要になるときもあります。

① 解析

Crying is <the ~ language [newborn babies have φ][to express ~]>.
　 S　V　　　　　 C

① 指針

⊘ the only language newborn babies have を見たら？

" 名詞 SV" の形で、関係代名詞の省略を考えます。**後ろに不完全がくる意識**で探してみてください。

※関係副詞も省略されますが、先行詞が language なので、関係代名詞を考えるようにしてください。

⊘ have to ~ をどう処理する？

もし have to ~「~しなければならない」と考えると、have to express が v で、their emotions, or feelings が o となり、文が「完全」になってしまいます。どこかを「こじあける」必要があり、それは have の後ろしかありません。他動詞 have の O が欠けているわけです (直後の to とくっついて「have to に見えるだけ」)。本来は have the only language to express their emotions, or feelings の形です。

直訳は「新生児が持っている、~を表現するための唯一の言語」となり、ここから「新生児の~を表現する唯一の言語」と意訳できます。

参考：to express 〜 は形容詞的用法

このtoを副詞的用法「〜するために」で解釈する人がものすごく多いのですが、それも文脈によっては捨てきれないためにそこに触れない問題集が多いです（もしくは「形容詞的用法」と触れるだけで「副詞的用法ではない」と明言しない）。それくらい微妙なことなので受験生が気にする必要はありませんが、本書では形容詞的用法と考える根拠にも2つ触れておきます。

① the only language to express 〜 の形から名詞だけが前に出た形は違和感があるかもしれませんが、たとえば the potential you have to 〜「あなたが持っている、〜するための能力」がよく出てくることから「名詞が前に出て形容詞的用法のtoが残る」形はよくあるのです（the potential to 〜 は形容詞的用法の代表的な形）。

② 副詞的用法（目的）の場合、「意思を持った動作動詞（たとえばstudy）の目的になる」のが普通です。しかしここでは状態動詞 have なので、「目的」は考え難いわけです。

和訳例

泣くことは、新生児が自分の感情、つまり気持ちを表現する唯一の言語なのである。

チェックポイント

☑ “ 名詞 SV” は関係詞の省略 　　　　　　　　　　 ◎ △ ✕
☑ 関係代名詞の後ろには「不完全がくる」ことを意識する 　◎ △ ✕
☑ 関係代名詞の後の have to 〜 に注意 　　　　　　 ◎ △ ✕

THEME 29 関係詞 (2)

設問 次の英文を和訳しましょう。

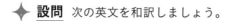 学生の「成績評価方法 (grading methods)」に関する英文です。

Traditional grading methods still miss some of the non-cognitive skills that research shows contribute to long-term success. There may come a day when student assessment tools can be as personalized as student learning experiences.

（国際教養大学／A日程）

ナビ〉 1文目の動詞が2つ続く shows contribute をどう考える？

ナビ〉 2文目の come の S は何？

✦ 解説

以下の整序問題は関係代名詞の定番問題です。

明日、とても素敵だと思っている女の子とデートをするんだ。
Tomorrow, I will have a date [a / believe / girl / I / is / very / who / with] sweet.　　　　　　　　　　　　　　　　　　（関西学院大学）

「とても素敵だと思っている」が「女の子」を修飾するので、a girlの後にwho
で修飾する形をつくります。主格whoの後はisを置きたくなりますが、「（と
ても素敵だ）と思っている」のI believeを忘れないようにしてください。who
I believe {that} φ is very sweetの形で、isのsが欠けているわけです。正解は、
Tomorrow, I will have a date [with a girl who I believe is very] sweet. で
す。「whoの後にisのsが欠けている」感覚が大事です。

🔎 解析

<Traditional grading methods> still miss
　　　　　　S　　　　　　　　　　　　　V

<some of ～ skills [that research shows {that} φ contribute to ～]>.
　　　　　O

There may come <a day [when student assessment tools can be ～]>.
　　M　　V　　　　　S

🔎 指針

✐ 1文目の文型は？

S miss O「SはOを逃している」という第3文型です。長いOをどう処理す
るかがポイントです。

✐ 関係代名詞thatの後ろはどこが不完全？

skills that ～ のthatは関係代名詞です。不完全なところはどこでしょうか？
「showsの後が不完全」と言ってはいけません。正しくは「contribute toの
前が不完全」です。「同じだろ！」と言われそうですが、showの後には接続

詞that が省略されていますし、欠けているのは「**contribute to の s**」なので、「**contribute to の前が不完全**」という感覚を持ってほしいのです。

🖋 contribute to の訳は？

「貢献する」が有名ですが、"**S（原因）contribute to O（結果）**"の関係になる意味も非常に重要です。原因と結果を意識できれば日本語訳にこだわる必要はなく、「SがOにつながる」などとすればOKです。ここでは「研究が、長期的な成功につながると示す、非認知能力の技能」となります。

※この「因果」の意味は189ページ。

🖋 2文目の形は？

実はThere is 構文です。is の代わりに come がきているわけです。本来は、A day when 〜 may come. という形から、長いS（A day when 〜）が後回しになって、その空いたところに There を置いたイメージです。訳は「（関係副詞 when 〜 の）日がくる（かもしれない）」とします。

Chapter 5 ✦ 不足・省略・反復

和訳例

直訳：従来の成績評価方法は、長期的な成功につながると研究が示す非認知能力の一部を依然として見落とす。学生の評価用ツールが、学習体験と同じようにパーソナライズされたものになる日が来るかもしれない。

意訳：従来の成績評価方法では、研究によれば長期的な成功につながるとされる非認知能力の技能の一部が依然として見落とされてしまっている。学生を評価するツールが、学習体験と同じレベルで個別のものになる日が来るかもしれない。

語句 traditional「従来の」、non-cognitive「非認知の」、long-term「長期的な」、assessment「評価」、personalized「個別の」、experience「経験」

チェックポイント

☑ contribute to の s が欠けている　　　◎ △ ✕
☑ 「因果」を表す contribute to　　　　　◎ △ ✕
☑ come の S は A day when 〜　　　　　◎ △ ✕

関係詞 (3)

✦ **設問** 次の英文を和訳しましょう。

▐ these rich electronic documents「このような色々な形で発信できる電子文書」

We'll be able to do things with these rich electronic documents we could never do with pieces of paper.

（立命館大学／産業社会・文）

解説

テーマ **関係代名詞の後の「不完全」を意識する (その3)**

関係詞の先行詞は直前にあるのが原則ですが、たまに少し離れることもあります。その場合は「欠けている」という意識を強く持つほど、正しく先行詞を把握することができます。

解 析

We'll be able to do things (with these rich electronic documents)
　　S　　　V　　　　O

[{that} we could never do φ (with pieces of paper)].

指 針

ⓓ documents we couldを見たら？

"名詞 SV" の形で関係代名詞の省略があります。後ろで、do の O が欠けています。

ⓓ 先行詞は何？

前半の do things with ～ 「～を使って物事をする」の形と、後半の never do with ～ を見比べると、先行詞 (do の O になるもの) は things だとわかります (documents ではありません)。

ⓓ 無理に後ろから訳す必要はない

「関係詞の前にコンマがなくても訳し下す」のはアリです。「関係詞の直前で文を区切る→先行詞を関係詞に代入する (場合により代入した先行詞を本来の場所に戻す)」ことで、2文に分けて訳し下してもいいのです。

まず We'll be able to do things with these rich electronic documents までを訳し、その後に things を関係代名詞に代入 (関係代名詞自体は省略されています)、その things を we could never do の後に戻して、we could never do things with pieces of paper のつもりで訳すわけです (以下の「意訳」

ではこの方法で訳しました)。

また、ここでのcouldは過去形(できた)でも、仮定法(できるであろう)でも、どちらにも解釈できます(こういうケースは珍しいのですが、関係詞の練習として優れた文なので採用しました)。以下の「直訳」では過去形で、「意訳」では仮定法で解釈しています。

和訳例

| 直訳 | ：私たちは、これらの色々な形で発信できる電子文書を使って、紙面では決してできなかったことをすることができるようになるだろう。 |

| 意訳 | ：私たちは、このような色々な形で発信できる電子文書を使って色々なことができるようになるだろう。それは、紙面では(何があっても)できないであろうことなのである。 |

※ things は「総称用法(the がつかない複数形)」なので「色々な・様々な」などを含意します。訳出でそういった言葉を足してもいいのです(文法的根拠がハッキリとあるため)。

語句 electronic「電子の」、a piece of ～「1枚の～」

チェックポイント

☑ documents we couldで関係詞の省略	◎ △ ✕
☑ 先行詞は離れたところにあるthings	◎ △ ✕
☑ コンマなしでも訳し下して(2文に分けて訳して)OK	◎ △ ✕

THEME 31. 省略

✦ **設問** 次の英文を和訳しましょう。

⚡ close-up「クロースアップ」と long-shot「ロングショット」は映画撮影での用語で、とりあえずそのまま和訳に使ってください。

Life is a tragedy when seen in close-up, but a comedy in long-shot.

（イギリスのコメディアンである Charlie Chaplin の言葉）

ナビ〉 when の後に省略されているものは？

ナビ〉 but 以下の文では何が省略されている？

> **テーマ** 省略を見抜く

省略に関しては、まず「文法的に省略できるもの」はしっかり覚えておく必要があります。これはどれも基本的なもので必ず文法で扱います。接続詞 that・関係詞（関係代名詞の目的格と関係副詞）・副詞節中の s ＋ be（副詞節中の主語と主節の主語が同じ、かつ be 動詞の場合は、副詞節中の s ＋ be を省略できる）などです。

文法以外では、等位接続詞（and・but・or など）で結ばれたときの「共通関係による省略」が大切です。簡単に言えば「一度言ったんだから重複するところは省略するよ」というものです。and・but の後に省略があるときは前をきちんと見返す必要があります。

⚠ 解析

Life is a tragedy (when {life is} seen in close-up),
 S V   C   (s)   (v)

but {life is} a comedy ({when life is seen} in long-shot).
     S V   C   (s)   (v)

⚠ 指針

✐ when seen って何？

Life is a tragedy の時点で文は完成している（SVC）ので、when は余分なもの→副詞節「〜するとき」です。when の後ろでは、when {life is} seen という省略が起きています。従属接続詞内での「s ＋ be 動詞の省略」です。

✐ but 以下での省略は？

but 以降は「共通関係による省略」で、前半と見比べることで life is や when life is seen という省略を補えます。a tragedy ⇔ a comedy、in close-up ⇔ in long-shot という対比も参考にしてください（それ以外の共通する部分を省略することで対比をより鮮明にしています）。

和訳例

> 直訳 ：人生はクロースアップの中では悲劇だ。しかしロングショットでは喜
> 劇だ。
>
> 意訳 ：人生はある部分だけに注目して見れば悲劇になるが、長い目で見れば喜
> 劇になる。

※余談ですが、「受験勉強」もその時期だけを見ると悲劇だが、長い人生で考えれば……とい
う発想を持とう。

語句　tragedy「悲劇」、comedy「喜劇」

チェックポイント

☑ when の後に life is の省略　　　　　　　　　　◎　△　✕

☑ but の後に、life is と when life is seen の省略　◎　△　✕

THEME 32. 不足

✦ **設問** 次の英文の下線部を訳しましょう。

<u>The more neurotransmitters we have and the more frequent their signals, the stronger the connections between neurons become</u> — until the process begins to happen even without the help of neurotransmitters.

（東京外国語大学／前期）

> ナビ〉 neurotransmitter「神経伝達物質」
> ナビ〉 neuron「ニューロン・神経細胞」

解説

テーマ **The 比較級, the 比較級 を正確に把握する**

The 比較級① , the 比較級② 「比較級① すればするほど、比較級② だ」の形
は有名で、簡単だと思われていますが、注意点がいくつかあります。

▶ The 比較級, the 比較級 のポイント

> (a) "主語＋動詞" を伴うのが原則（"The 比較級 sv, the 比較級 SV" の形）
>   だが、"主語＋動詞" 部分には省略・倒置がよく起きる（リズムの関係
>   などから）。
> (b) 前に引きずり出された影響から、後ろは「欠けて見える」ことがある
>   （become の後ろなどに多い）。あくまで「見える」だけで、実際に欠け
>   ているわけではない（前に移動しただけ）。

The sooner, the better. 「早ければ早いほどよい」は決まり文句なのですが、
これは主語＋動詞が省略されています。また、The longer you put off your
work, the less inclined you will be to do it. 「仕事は先延ばしにするほどや
りたくなくなるものだ」（工学院大で出題）では、本来の be inclined to ～「～
する気になる」という形から inclined が前に引きずり出されたので、be の後ろ
が「欠けて見える」わけです。

解析

(The more neurotransmitters we have φ)
and
(the more frequent their signals {are}),

the stronger <the connections [between neurons]> become
　　C　　　　　　　　S　　　　　　　　　　　　V

— (until the process begins to happen (even without the help of ～)).
　　　　　(s)　　　　　　(v)

Chapter 5 ✦

不足・省略・反復

🖉 The more neurotransmitters we have and を見たら？

普通は、The 比較級 sv を見た時点で、The 比較級 , the 比較級 の形を予想するわけですが、sv の後に and がきています。ということは、まだ前半 (The 比較級) が続き、それが終わった時点で後半 (the 比較級) が出てくると考えます。

and の直後は the more frequent なので、この時点で、前半が The 比較級 and the 比較級 になっていると考えます。あくまで「前半の The 比較級 が 2 つに増えた」だけなので、「〜すればするほど、そして〜すればするほど」と訳すことになります。

🖉 欠けて見えるところは？

The more neurotransmitters we have では have の O が前に出ているので、その結果、O が欠けているように見えます。

the more frequent their signals では are が省略されています (frequent は形容詞で、「それをつなぐ be 動詞がある」とわかるので省略しても問題ないわけです)。

🖉 後半の the 比較級 を確認する

後半は the stronger the connections between neurons become ですね。欠けて見えるところは become の後ですが、become の C が前に出ているだけです。ここは後半の the 比較級 なので「その分だけ」という訳語を加えてください。

※ちなみにこの長文は、この後で「脳は筋肉のようなものだ」とあり、the more you use it, the better it functions.「使えば使うほどうまく機能するのである」という文も出てきます (後半の better は副詞 well の比較級)。

和訳例

直訳：我々がより多くの神経伝達物質を持てば持つほど、そして、そのシグナルがより頻繁であればあるほど、その分だけニューロンのつながりは強くなる。

意訳：神経伝達物質の量が多ければ多いほど、そして、その信号がより頻繁に送られれば送られるほど、神経細胞はその分だけ強く結合するのである。そして、やがてその現象は神経伝達物質の介在なしでも起こるようになる。

※ the connections を v' で、between ～ を s' で訳しました（v' については197ページ、between の s' については203ページ）／until は「そしてついに」と訳せます（辞書にも載っているよくある使い方）。

語句 frequent「頻繁な」、signal「シグナル・信号」、connection「結合・つながり」、process「プロセス・過程」

チェックポイント

☑ The 比較級 and the 比較級 , the 比較級 の形　　　　◎ △ ✕

☑ それぞれの the 比較級 の後の「欠けて見える」ところをチェック　◎ △ ✕

✦ **設問** 次の英文を和訳しましょう。

More and more Americans do speak Japanese, but most who do have studied it in schools prior to going to Japan to work.

（富山大学／前期）

ナビ〉 2つある do のそれぞれの働きは？

解説

| テーマ | **do の働き** |

do・does・did には「否定文・疑問文をつくる」以外に、代動詞（Yes, I do. などの do）・強調の働き・一般動詞「〜する」が大事です。今回の英文ではこれらがたくみに使われています。

！解析

<More and more Americans> do speak Japanese,
　　　　　 S 　　　　　　　　 V 　　　　O

but <most [who do]> have studied it (in schools) (prior to going 〜).
　　 S 　　　　　　　 V 　　　　　 O

！指針

⊘ do speak を見たら？

do は一般動詞 speak の前にあるので、単なる「強調」の働きの do です。これは「実際に・確かに〜する」などの意味を持ちます。

⊘ do have を見たら？

これも強調の do に見えますが、そう思って do have で 1 つの V 扱いをすると「have の O がない」のでミスだと気づけます。

ここは have studied で 1 つの V 扱いです（そもそも現在完了形を do で強調するのは変ですよね。完了形の場合、疑問文・否定文では have が中心になるのであって、do を使うことはないからです）。

この do は代動詞で、ここでは speak Japanese のことです。most {Americans} who speak Japanese「日本語を話す（アメリカ人の）大半は」ということです。

直訳：ますます多くのアメリカ人が日本語を実際に話すが、日本語を話す人の
大半は日本に働きに行く前に学校でそれを勉強したことがあるのだ。

意訳：確かに日本語を話すアメリカ人はますます増えているのだが、そうした
アメリカ人の大半は日本に仕事に行く前に学校で勉強したことがある
のだ。

※ "More and more 名詞 V" の形では、S を最後に訳して「V する 名詞 がますます増えて
いる」と訳すと綺麗になります（この発想は英作文でも役立ちます）。

語句 prior to -ing「〜する前に」

チェックポイント

☑ do speak の do は「強調」　　　　　　　　　　　◎ △ ×
☑ do have studied の do は代動詞　　　　　　　◎ △ ×

接続詞

接続詞は、英文法の単元としてはマイナー扱いされがちですが、長文ではものすごく重要で、下線部和訳でも頻繁に狙われます。一見何の変哲もない **and** や **once** を完璧に攻略していきましょう。

✦ **設問** 次の英文を和訳しましょう。

▟▙ カジノに関する英文で、ギャンブル依存症への対処についての内容です。

Singapore charges about $80 for each visit by citizens and monitors those who visit more than six times in a month.

（慶応大学／経済）

ナビ〉 monitors の品詞は？

✦ 解説

> テーマ **and** が何を結ぶのかを考える

入試の長文は複雑で、「andが何と何を結んでいるのか？」が問われることも よくあります。andは直後が大事です。**and**直後の語句に注目して、それと同 じ形を前の部分で探してみてください。

①まずはandに反応する！

②直後のBに注目！

A ... and B

③「Bと"対等"な品詞」を andより前で探す！

🔍 解 析

Singapore <u>charges</u> about $80 (for each visit by citizens)
   S   V   O

    and

    <u>monitors</u> <those [who visit more than six times in a month]>.
      V   O

❗ 指 針

⌬ 多義語 charge の意味は？

今回のchargeは「請求する」です。chargeは「非難する・委ねる・請求する」 などたくさんの意味がありますが、どれも「プレッシャーをかける」が根底 にあると考えてください。「精神的にプレッシャーをかける」→「非難する・ 委ねる（やれるもんならやってみろというプレッシャー）」、「金払えとプレッ シャーをかける」→「請求する」です。

⌬ andが結ぶものは？

and直後にはmonitorsがあります。つい名詞だと思いがちですが、その直 後に代名詞（those who 〜）があります。名詞（代名詞）が2つ続くのは変な

ので、「Vではないか？」という発想転換が必要です。

andの前にV（3単現のsがつく形）を探すと、chargesが見つかりますね。
この2つのVを結んでいるわけです。

ちなみに動詞monitorは「（モニターで）監視する」と覚えておきましょう。
まだあまり注目されていませんが、実はこういった時事的な英文で使われる
重要な動詞です。また、those who 〜 は「〜する人々」という意味です。

和訳例

直訳 ：シンガポールは、国民の毎回の訪問に対して約80ドルを請求して、1ヵ
月に6回よりも多く訪れる人たちを監視する。

意訳 ：シンガポールでは、国民は（カジノに）来場するごとに約80ドルが請求
され、月に6回を超えてやってくる（7回以上訪れる）人は監視される。

※無生物Sの第3文型と考え、受動態で訳しました。

語句 charge「請求する」、citizen「市民・国民」、monitor「監視する」、
those who 〜「〜する人々」

チェックポイント

☑ charge は「非難する・委ねる・請求する」　　　　　◎ △ ✕

☑ and を見たら直後に注目して何を結ぶか考える　　　◎ △ ✕

接続詞 (2)

✦ **設問** 次の英文を和訳しましょう。

▪️ Isaac Asimov「アイザック・アシモフ」は人名。

As Isaac Asimov says, 'Part of the inhumanity of a computer is that once it is competently programmed and working smoothly, it is completely honest' — unless, of course, it has been programmed to be dishonest.

(東京学芸大学／前期)

ナビ〉 and と that 以外に「3つの接続詞」を探してみよう

◆ **解説**

〔 テーマ 〕 **従属接続詞を意識する**

長文で大事なのは「等位接続詞（andなど）」だけではありません。「従属接続詞」
も重要です。従属接続詞を見たら、「形」を必ず意識してください。
"[従属接続詞] sv, SV." や "SV [従属接続詞] sv." の形になります。
従属接続詞はwhenやifなら簡単ですが、the moment「〜するとすぐに」や
now that「今は〜だから」、whereas「〜する一方で」（118ページ）などにな
ると、接続詞という意識がなくなってしまう人も多いので注意してください。
※重要な接続詞の一覧は218ページで。

⚠ **解 析**

(As Isaac Asimov says), '<Part of the inhumanity of a computer> is
　　(s)　　　　(v)　　　　　　　　　　　　　　S　　　　　　　　　V

< that (once it is {competently} programmed and working smoothly),
　 C　　　 (s')　　　　　　(v')

it is completely honest>'
(s)(v)　　　　　　(c)

— (unless , of course, it has been programmed to be dishonest).
　　　　　　　　　　　(s)　　　　(v)　　　　　　　　(c)

⚠ **指 針**

◉ **As の品詞と意味は？**
As S say の形なので、as は従属接続詞、意味は「Sが言うように」です。これ
は「様態（〜のように）」のas です（as は次項で解説します）。

◉ **that once を見たら？**
S is that 〜 「Sは〜ということ」という形です（that 節がCになっている）。
that の後にはsvを予想しますが、直後にonce がきています。once は副詞「一
度・かつて」で有名ですが、従属接続詞「いったん〜すると」も超重要です。
ここではthat 節の中で、**once sv, SV** の形になっているのが最大のポイント
です。that once の部分で、<that (once sv), SV>の形を予想してください。

154

⊘ 補足する unless

従属接続詞unlessは「〜しない限り」という意味で大半のケースはOKですが、応用として、**SV unless sv**「原則的に**SV**だ。ただし**sv**の場合は除く」という使い方を僕は教えることもあります。

※『真・英文法大全』の127ページなどでも同じように解説しています。

今回はダッシュの後でunless節が独立していますが、まさに補足をするunlessの感覚で、「ただし〜の場合は別だが」とすれば完璧です。

和訳例

| 直訳 |：アイザック・アシモフが言うように、「コンピューターの非人間性の一部は、いったん有能にプログラムされ、スムーズに機能している状態になれば、それ（コンピューター）は完全に正直になる、ということだ」もちろん、それが正直でないようにプログラムされていなければ。

| 意訳 |：アイザック・アシモフが言うように、「コンピューターが非人間的であることの1つには以下のことがある。コンピューターはいったんうまくプログラムされて、滞りなく動いているなら、実に従順なものとなる（プログラムされた通りになる）ということだ」　ただし、それはもちろん、従順でないようにプログラムされていれば話は別だが。

※thatで区切り、「それは以下のことだ」としました。

| 語句 | {a} part of 〜「〜の一部・一面」、inhumanity「非人間性」、competently「有能に」、work「機能する」、smoothly「スムーズに・滞りなく」、honest「従順な」、be programed to 〜「〜するようプログラムされる」、dishonest「不正直な」

チェックポイント

☑ once には従属接続詞の用法がある	◎ △ ×
☑ that の直後にくる従属接続詞に注意	◎ △ ×
☑ unless は補足的に使える	◎ △ ×

接続詞（3）

✦ **設問** 次の英文を和訳しましょう。

Much as I enjoyed American food, I couldn't last four days without an Indian meal.

（東京大学／前期）

ナビ〉 as の意味は？

ナビ〉 last の品詞は？

✦ 解説

テーマ **接続詞 as の識別**

従属接続詞 as にはたくさんの意味がありますが、重要なのは以下の4つです。
特に (1)〜(3) が「as の意味を問う入試問題」の9割強を占めます。

▶ As sv, SV. での as の意味

(1) 比例「sv するにつれて、SV だ」
    ※「変化」を示す語句、具体的には比較級・変化動詞（「〜になる」という意味の get
    など）・移動動詞（rise など）がヒント

    As Vanessa's arm healed, it became less and less painful.
    ヴァネッサの腕が治るにつれ、痛みは次第に軽くなっていった。

(2) 様態「sv と同じように、SV だ」
    ※似た表現の繰り返し・代動詞（do・does・did）・省略がヒント

    You should do your homework as soon as you get home from
    school as your brother does.
    お兄ちゃんのように、学校から帰宅したらすぐに宿題をやりなさい。

(3) 譲歩「sv だけれども、SV だ」
    ※ X as sv, SV. (X が前に飛び出したような形) がヒント／As X as sv, SV. の形にな
    ることもある

    Rich as he is, he isn't happy.
    彼は金はあるのだが、幸せではない。

(4) 名詞限定「sv のような 名詞 だ」
    ※ as 節中に「代名詞（it など）」があり、その代名詞は「as 直前の名詞」を指す（as 節
    中の "s + be" は省略されることもある）／" 名詞 as we know it「我々が知って
    いる 名詞 」"の形で使われることが多い

    Fireworks as we know them today date back to the 1830s.
    我々が今日知っている（タイプの華やかな）花火は1830年代まで遡る。

🔍 解析

(Much as I enjoyed ～), I couldn't last (four days) (without ～).
     (s) (v)   S   V

🔍 指針

✐ Much as ～ の形を見たら？

X as sv, SV. の形なので「譲歩」の意味を考えます。「すごく楽しんだけれども」となります。ちなみにこの much は Thank you very much. のように「動詞を修飾する much」です。

※主節は簡単ですが、動詞 last「続く」はミスしやすいので必ずチェックしておきましょう。化粧品のCMで「ラスティング効果」と使われますが、lasting のことで「化粧が続く（落ちない）」ということです。

参考：東大志望者が Much as にひっかかる理由

as は「様態」の意味を明確にするために、Just[Much] as sv, SV. 「sv するのとちょうど[だいたい]同じように、SV だ」という形になることもよくあります。この表現を知っているがゆえに、Much as だけを見ると、この「だいたい同じように」に見えてしまうのです。ただしそれでは意味が変なので、「譲歩」に切り替える必要がある英文です。

和訳例

アメリカの食べ物は大好きだったけど[おいしかったけど]、インド料理なしでは4日ともたなかった[食べないではいられなかった]。

語句 last「続く・もつ」、meal「食事」

チェックポイント

☑ 今回の Much as ～ は「譲歩」の意味　　　　◎ △ ✕

倒置

英文法書では「特殊構文」とまとめられてしまう「倒置」ですが、長文ではよく使われますし、出てきたらかなりの確率で設問に絡みます。苦手とする人が多い倒置ですが、明確なパターンがあるので、対策をしておけば確実に攻略することができます。

37. 倒置 (1)

✦ **設問** 次の英文の下線部を訳しましょう。

🔹 marker は「マーカーペン」です。

A small classroom was set up with a table and two chairs. <u>In one chair sat the experimenter: Ms. Smith.</u> <u>On the table lay six markers.</u>

（関西大学／法・文・商・総合情報・社会安全）

ナビ〉 SVをしっかり意識しよう

✦ 解説

> テーマ **倒置の全体像と第1文型の倒置**

そもそも「倒置」には2種類あるので、「倒置」と言われたときは「どっちの倒置なのか？」を意識するようにしてください。

▶ 倒置の全体像（2種類の倒置）

①任意倒置：順番が入れ替わる（文型ごとにパターンが決まっている）
②強制倒置：文頭に否定語がきたとき、疑問文の語順になる

▶ 任意倒置：文型ごとのパターン

第1文型　SVM → MVS　　※Mが前に出てSVが入れ替わる
第2文型　SVC → CVS　　※S＝Cで、左右が入れ替わるだけ
第3文型　SVO → OSV　　※Oが文頭に出るだけ
第4文型　SVOO → OSVO　※Oが文頭に出るだけ
第5文型　SVOC → OSVC　※Oが文頭に出るだけ
　　　　　　　↘SVCO　　※O＝Cで、左右が入れ替わるだけ

今回はこの中で一番よく見かける第1文型の倒置MVSを確認していきます。

🄠 解 析

\<A small classroom\> <u>was set up</u> (with a table and two chairs).
　　　　S　　　　　　　　V

(In one chair) <u>sat</u> \<the experimenter: ～\>. (On the table) <u>lay</u> \<six markers\>.
　　M　　　　V　　　　　S　　　　　　　　　M　　　V　　　S

🄠 指 針

⌀ In one chairを見たら？

これを見た瞬間に「倒置を予想する」と言うのは言い過ぎです。副詞句In one chairを見たら普通はSVを予想するだけですよね。ところがその後のsatを見たときに「いきなりVが出てきた」→「Sはこの後に出てくる（つま

り倒置だ)」と予想するわけです。実際、the experimenter (Ms. Smithで具体化) が出てきて、MVS の形だと判断します。

✏ On the table lay を見たら？
lay は V なので MVS の倒置を考えます。副詞句 On the table の後に、動詞 lay (自動詞 lie の過去形) があるので、その後の six markers を S と考えます。

✏ 倒置の和訳はどうするの？
倒置になっても英文の内容そのものは変わりません。伝える順番が変わることで、英文の「印象」が変わるのです。

基本：元の形に戻して訳す　　※「倒置を見抜いた」アピールになる
応用：英文と同じ語順で訳す　　※英文の印象をそのまま伝えられる

以下、「直訳」では「元の形に戻して」訳し、「意訳」で「英文と同じ順番で」訳しています。どちらでも得点をもらえるはずです。

和訳例

直訳：(そのうち1つの) 椅子に、実験者であるスミス先生が座っていた。机の上には、6本のマーカーペンが置かれていた。

意訳：ある小さな教室には、1台の机と2脚の椅子が準備されていた。(片方の) 椅子に座っていたのは実験者のスミス先生。机の上に置かれていたのは6本のマーカーペンだった。

語句 be set up with ～「～が備え付けられている」(be set up は be arranged や be ready のイメージ)、experimenter「実験者」、lie「ある」

チェックポイント

☑「倒置」には「任意倒置」と「強制倒置」がある	◎ △ ×
☑「任意倒置」は文型ごとのパターンをおさえる	◎ △ ×
☑ 副詞句の後に動詞がきたら MVS を考える	◎ △ ×

THEME 38. 倒置 (2)

◆ **設問** 次の英文の下線部を訳しましょう。

 social interactions between human groups は「人間集団の社会的交流」と訳してください。

Many theories have outlined possible ways the world's languages might have diversified. <u>Fundamental to all these theories is the idea that languages are markers of social interactions between human groups</u>.

（名城大学／経営・経済・外国語・人間・都市情報）

ナビ〉 Fundamental の品詞は？

ナビ〉 下線部の S は？

✦ 解説

第2文型の倒置

第2文型の倒置は単純です。SVC において S ＝ C が成り立つので、その左右が入れ替わるだけ、つまり CVS の形になります。

※マイナーに思えますが、今回のパターンは 2023 年の共通テストでも長文の中で使われています。

倒置になる理由は大きく 2 つあり、1 つめは「後ろに移動したものが強調される」という発想です。要するに「出し惜しみ」です。

もう 1 つは、「直前の内容と自然につながるように語順を変える」ということです。たとえば、Worse than that is S. という倒置の文（本来は S is worse than that.）では、その前に「何か bad な内容」があり、「それ（bad な内容）より、もっと bad なもの（worse）は……」と展開するわけです。

🔍 解 析

Many theories have outlined <possible ways [the world's languages 〜]>.
　　 S 　　　 V 　　　　　　　　 O

Fundamental to all these theories is
　　 C 　　　　　　　　　　　 V

〈the idea <|that| languages are markers of 〜>〉.
　　 S 　　　　 (s) 　　　 (v) 　 (c)

🔍 指 針

⌖ Fundamental to 〜 を見たら？

形容詞のカタマリで文が始まっているので、CVS を予想します。is を見た瞬間に、直後にくる名詞を S と考えます。the idea that 〜「〜という考え」が S になっています。

⌖ 倒置になっている理由は？

S が長く、重要な情報を伝えるので「後ろに移動させている」という理由と「前

とのつながり」という理由があります。この英文ではFundamental toの後のall these theoriesが前の内容を受けています（theseから明らかですね）。直前でMany theoriesを出して、all these theoriesで受けているわけです。

⌀ 和訳の注意点は？

以下の「直訳」では、SVCの形に戻して訳しています。「意訳」ではCVSのまま「Fundamentalなのは〜というideaだ」としています。ちなみに、interactionsをv'「相互に作用すること」で、between 〜 をs'「〜が」で、markersをv'「表すもの」で訳して「人間の集団が社会で相互に作用すること」とすることもできます（ここではv'でない直訳で十分ですが）。

※v'については197ページ、betweenがs'をつくることについては203ページ。

和訳例

|直訳|：言語は人間の集団間の社会的相互作用の表れだという考えは、こういったすべての理論にとって大切だ。

|意訳|：多くの仮説によって、世界の言語がどのように多様化した［枝分かれした］可能性があるかが説明された。こういったすべての仮説の基盤になっているのが、言語は、人間集団の社会的交流を表すものだという考えだ。

語句
theory「理論」、outline「説明する」、possible「可能性のある」、diversify「多様化する」、fundamental「根本的な」、marker「表れ・指標」（THEME 37に出てきた「マーカーペン」の意味ではありません）、interaction「相互作用・交流」

チェックポイント
☑ 形容詞句が先頭にくるCVSの形　　　◎ △ ✕

Chapter 7 倒置

THEME 39. 倒置 (3)

✦ **設問** 次の英文を和訳しましょう。

⚡ 男女別に自由に話をさせる実験で、実験後に話の内容をふり返ってもらった、という話。

What the women were happy to call "gossip," the men defined as "exchanging information."

（一橋大学／前期）

✦ 解説

テーマ **O が前に出る倒置を見抜く**

第3文型の倒置はOSV、第4文型の倒置はOSVOで、Oが文頭に出るだけです。ただしこの2つのパターンはめったに出てきません。

むしろ英文でOSVの形を見たら、まず考えるべきは関係詞の省略（"名詞 sv"の形）です。たとえば、The man Emma married を見たら、次にVを予想するのが普通で、The man Emma married works at a bank.「エマが結婚した男性は銀行で働いている」となります。

もしVがないまま文が終われば、そこで初めて倒置だと判断します。The man Emma married.「その男性と、エマは結婚した」となります。

第5文型の場合は2パターンあり、まずはOが前に出るOSVCのパターンです。もう1つはSVCOです。SVOCではO＝Cなので、その左右が入れ替わるだけです。

His explanation made clear what the issue was.
彼の説明によって、問題が何であるかが明白になった。

SVOCをとる動詞（使役動詞makeや知覚動詞findなど）の直後に形容詞がきたら倒置のサインです（本来ならOになる名詞がくる）。その形容詞の後に、独立した名詞がくればそれがOです。

※もちろん単純に動詞のOが「形容詞＋名詞」の場合もありますが、文脈から簡単に気づけます（たとえばmake big pies「大きなパイを作る」）。ここではclearがwhat節を修飾することはないので倒置だとわかります。

▶**「Xを明確にする」** ※以下、3つとも意味は同じ「Xを明確にする」

基本：make X clear ／倒置：make clear X ／仮目的語：make it clear X

🔔 解析

<What the women were happy to call φ "gossip,">
O

the men <u>defined</u> φ (as "exchanging information.")
S   V   C

🔔 指針

🖋 What the women were を見たら?

文頭の What は疑問文の可能性が高いのですが、What the women were という語順 (were が前に出ていない) を見た瞬間、関係代名詞 what だと判断します。call OC「OをCと呼ぶ」のOが欠けています。

※間接疑問文がSになっていることもありえますが、「関係代名詞 what」のケースがほとんどです。

🖋 関係代名詞 What 節が文頭にあるとわかったら?

いきなり「倒置」なんて言わないでください。まずは「What 節がSになりVが出てくる」ことを予想します。ところがこの英文ではVではなく、SV (the men defined) が出てくるので発想の転換が必要です。

次に考えることは、関係詞の省略 ("名詞 sv" の形で名詞 gossip を修飾する可能性) ですが、"gossip," the men defined のように、名詞の後にコンマがあるので変ですね (仮にこのコンマをスルーしても、結局はVが出てこないのも変です)。

よって、ここで初めて「Oが文頭に出た倒置」だと考えます。後ろは他動詞 defined のOが欠けていますね。defined as 〜 を見て、V A as B の形から A が前に出た形と考えればOKです (この形は117ページ)。

※V A as B では as 〜 をCだと考えて SVOC と考えます。その倒置 OSVC なのですが、(as 〜 を構文上無視して) 単に OSV と考えるのもアリでしょう (僕は OSVC 派ですが)。いずれにせよ結局は「Oが前に出た倒置」だと判断することが大事で、それがわかれば合格です。

和訳例

| 直訳 | ：男性たちは女性たちが進んで「ゴシップ」だと呼ぶもの（こと）を「情報交換」と定義した。 |

| 意訳 | ：女性が「うわさ話」と呼んで良しとする話を、男性は「情報交換」とみなした。 |

※ be happy to 〜「喜んで〜する」ですが、今回のhappyは少しテンションを下げて「満足して・異論なく認める・嫌がらない」くらいの意味です（辞書にも載っています）。

語句 define A as B「AをBと定義する・みなす」、exchange「交換する」

チェックポイント

☑ 倒置OSV as 〜 の形を見抜く	◎ △ ×
☑ What は名詞節をつくる	◎ △ ×
☑ V A as Bは「AをBとみなす」と訳せる	◎ △ ×

Chapter 7

倒置

倒置 (4)

✦ **設問** 次の英文を和訳しましょう。

Only after we've discovered a better way do we realize in retrospect that there was a problem to be solved.

（京都府立大学／後期）

ナビ〉 Only の役割は？
ナビ〉 主節の SV を意識しよう

解説

テーマ **強制倒置を見抜く**

強制倒置とは「文頭に否定語がきたら倒置が起きる」ものです。ここでの「倒置」
は「疑問文の語順」です。

▶ **強制倒置の形**

文頭の否定語＋倒置
└─▶ 疑問文の語順（do・does・did を使うこともある）

▶ **強制倒置でよく使われる否定語**

①完全否定　Not・Never・Little（倒置で使う Little は「まったく〜でない」
　　　　　　の意味になる）
②準否定語　Hardly・Scarcely「ほとんど〜でない」
　　　　　　Rarely・Seldom「めったに〜でない」　※「頻度」を表す
③要注意の否定語　Only「〜しかない」・Nowhere「どこでも〜でない」
　　　　　　Under no circumstances「どんな状況であれ〜ない」

強制倒置は、Little did she dream that she would marry him one day.「い
つか彼と結婚することになるなんて、彼女はまるで夢にも思わなかった」のよ
うな文で習うことがほとんどです。つまり「否定語（Little）の直後に倒置（did
she）がくる」例文ばかりです。
※倒置の Little なので「まるで〜しなかった」となります。

しかし実際には「否定語の後ろに副詞が割り込む」パターンもかなり多いので
す。"否定語（副詞）VS." という形に注意してください（副詞の後で倒置が起
きる）。この形を意識しておかないと、突然倒置が出てきて混乱することがあ
るからです。
※倒置になっても「形が変わる」だけで、「意味」は変わりません。普通の語順のつもりで訳
　せば OK です。

Chapter
7
倒置

🔍 解 析

(Only) (|after| we've discovered a better way) <u>do</u> we <u>realize</u>
　　　　　　(s)　　　(v)　　　(o)　　　　　V　S

(in retrospect) 〈|that| there <u>was</u> <a problem [to be solved]>〉.
　　　　　　　　O　　　　(v)　　　(s)

🔍 指 針

🌿 Only after を見たら？

もし文頭に After があれば、After 〜, SV の形を予想しますが、今回は文頭に否定語 Only があるので、**Only after 〜, VS** という倒置を予想します。

after がつくる副詞のカタマリが終わったところで、変な形（倒置の形）がくることを予想して読むと、**do we realize** という倒置が見つかります（本来は we realize の形）。

🌿 Only after 〜 の意味は？

直訳「〜した後でのみ」→「〜した後で初めて」となります。

🌿 realize の O は？

realize that 〜 の間に in retrospect が割り込む VMO の形です（178ページ）。

和訳例

| 直訳 | ：もっとよい方法が見つかった後だけ、私たちは振り返ってみて、解決するための問題があったということを理解する。 |

| 意訳 | ：もっとよい方法が見つかった後になって初めて、思い返してみると解決すべき問題があったことに気づくものだ。 |

語句 realize「気づく」、in retrospect「思い返してみると」

チェックポイント

☑ Only の後に副詞節、その後に倒置がくる形　　　◎ △ ✕

注意すべき語順

ここでは倒置以外の「語順の変更」を扱っていきます。
普段の学習では改めてきちんと取り組むことがない、
でも頻繁に出てくる、語順がちょっと変わる現象を確
認していきましょう。

THEME 41. 語順 (1)

✦ **設問** 次の英文を和訳しましょう。

However, in 2007, a theory was presented at an academic conference in Japan that allergic reactions can be suppressed by taking small amounts of food under the supervision of a specialized doctor.

（鹿児島大学／前期）

ナビ〉 that の役割は？

ナビ〉 a theory はどんな理論？

✦ 解説

テーマ　"SV + S の説明" の形

仮主語 It は「長い主語を丸ごと後ろまわしにする」用法でした。これは簡単ですが、実は「(主語丸ごとではなく) 主語を "説明する部分" だけを後ろまわしにする」パターンもあります。

The time will come when humans will build cities and form communities on the moon.
人類が月面に街をつくり、社会を形成するときがくるでしょう。

この英文は文法の授業で必ず出てきて、「関係副詞 when の先行詞は少し離れた The time」と習います。でもこれは「長い主語で、主語を説明する部分だけを後ろまわしにしている」視点から捉えたほうが、長文では役立つのです。本来は長い主語(The time when humans will ～ on the moon will come.)で、ここから修飾部分だけを後ろまわしにすることがよくあるのです。
※ when は接続詞ではありません。もし接続詞なら「時・条件を表す副詞節の中では未来のことでも現在形を使う」というルールから will が使われないはずだからです。

▶ "SV + S の説明" の形 (「主語の修飾部分」の後ろまわし)

> 原則：主語が長いとき、主語の修飾部分だけを後ろに移動できる
> 注意：①「修飾部分」は何でも OK (関係詞・同格 that・不定詞など)
> 　　　②第 1 文型に多い (第 2 文型や受動態でも OK)
> 　　　※「O をとらない文型」で起きる (O があるのに修飾部分を後ろにつけるとまぎらわしいので)

🔍 解析

However, in 2007, a theory was presented (at an ～ in Japan)
　　　　　　　　　　　　S　　　V

<that allergic reactions can be suppressed (by ～ (under ～ doctor)) >.
　　(s)　　　　　　　　(v)

指針

that 節は何？

a theory was presented at an academic conference in Japan の時点で文は完成しています。その後の that 節は「修飾（説明）する」ものだと考えます。ここで、"SV ＋ Sの説明" のパターンを知っていれば、今回は "S is p.p. ＋ 同格でSの説明" だとわかります。実際、that を a theory の後にくっつけてみると (a theory that ～ was presented)、意味「～という理論が発表された」もきちんと通ります。

和訳例

直訳：しかしながら 2007 年に、日本の学会である理論が発表された。それは、専門医の監督のもとで、少量の食品を摂取することにより、アレルギー反応が抑えられることができるという理論だ。

意訳：しかしながら 2007 年に、専門医の指導のもとで少量の食品を摂取することにより、アレルギー反応を抑えることができるという説が日本の学会で発表された。

※ "助動詞 be p.p." は受動態ですが、能動態で訳したほうが自然になることが多い、という事実は知っておいて損はありません。

語句　theory「理論」、present「発表する」、academic conference「学会」、allergic「アレルギーの」、reaction「反応」、suppress「抑える」、supervision「監視・管理」、specialized「専門の」

チェックポイント

☑ "SV ＋ Sの説明" のパターンを知っておく　　　◎ △ ✕
☑ "助動詞 be p.p." は能動で訳しても OK　　　　◎ △ ✕

THEME 42 語順 (2)

✦ **設問** 次の英文を和訳しましょう。

▮▮偉人の言葉なので訳が抽象的になって構いません。

Art washes away from the soul the dust of everyday life.

（Pablo Picasso の言葉）

ナビ〉 wash は他動詞だということを意識しよう

テーマ **SVOM → SVMO の形**

第3文型（SVO）で、VとOの間にM（副詞）が割り込むことがあります。Oが長いときや、OをMの後ろに移動して強調したいときに（出し惜しみ的に強調できる）SVOM → SVMOという語順になります。

このパターンは実は身近なところにあり、有名な言葉でNever put off till tomorrow what you can do today.「今日できることを明日に延ばしてはいけない」があるのですが、put off「延期する」の直後にM（till tomorrow）があり、その後にO（名詞節what you can do today）がきているのです。

"他動詞 前置詞 〜"の形を見たら、"他動詞（前置詞＋名詞）名詞"の形を考えるようにしてください。仮に他動詞の時点で反応できなくても、前置詞の後に名詞が2つ続くので、そこで気づけます。

🔍 解析

Art <u>washes away</u> (from the soul) <the dust of everyday life>.
　S　　　V　　　　　　M　　　　　　　　O

🔍 指針

✍ washes away の O は？

「芸術が洗い流す」と言われれば、当然「何を？」に当たるOが必要になります。しかし直後にはM（from the soul）があるので、その後のthe dust of everyday lifeをOと考えます。名詞が2個続く（the soulとthe dust）のも変だと思えるヒントになります。

本来は、Art washes away ｜the dust of everyday life｜ from the soul. です。訳すときはこの順番がわかりやすいので、以下の「直訳」ではそうしました。

和訳例

直訳：芸術は、日常生活のほこりを、魂から洗い流してくれる。

意訳：芸術は、心の中から、日々の生活でたまった目に見えない汚れを洗い流してくれるのだ。　※英文と同じ順番で訳しました。

語句 wash away ～「～を洗い流す」、soul「魂」、dust「ほこり」

チェックポイント

☑ washes away の O は the dust of everyday life　　◎ △ ✕

語順・挿入

✦ **設問** 次の英文を和訳しましょう。

◢◣ ジュースが健康に与える影響についての話。

Because juice can be consumed quickly, it is more likely than whole fruit to contribute to excessive carbohydrate intake.

（京都府立医科大学／前期）

ナビ〉 it が何を指すか考えよう

ナビ〉 likely がとる形を意識しよう

✦ **解説**

テーマ **比較相手の割り込み**

「比較の相手」を表す、than ... は文末にくることがほとんどですが、ときには「比較級の直後に移動する」ことがあるのです。一見、「割り込んだように見える than ...」を確認していきましょう。

🔍 解 析

(Because juice can be consumed quickly),
    (s)   (v)

it is more likely (than whole fruit) to contribute to <excessive 〜 intake>.
S   V   O

🔍 指 針

🖉 文頭の Because を見たら？
Because sv, SV の形を考えます。主節の SV は it is more likely to contribute to です。

🖉 it is more likely than を見たら？
it is more likely の後は、普通は to か that が続きます。be likely to 〜か、It is likely that 〜「〜しそう・起こりそう」の形です。ただしここでは than whole fruit がきているので、これが「比較相手の割り込み」で、それが終わった後に to か that がくると予想します。
ここでは to contribute to 〜 を見て、**be likely to 〜** という熟語が than ... によって「分断されていた」とわかります（今回の主語 it は juice を指す）。
このように「割り込み」があっても、熟語を知っていることで、「分断」に気づけるのです。
※同様の発想で、be told by 〜 that ... という形も by の割り込みだとわかります (tell 人 that 〜 が受動態 be told that 〜 by ... になり、そこから by が割り込んでいる形)。

🖉 contribute to を見たら？
「貢献する」では文意に合わないので、原因 contribute to 結果 の形だと考

えましょう（THEME 45）。「ジュース（原因）→ 過剰摂取（結果）」という関係を和訳で表してください。

直訳 ：ジュースはすぐに摂取されてしまうので、（ジュースは）まるごとの果物に比べて糖質の過剰摂取を招きやすい。

意訳 ：ジュースはゴクゴク飲めてしまうので、（ジュースは）生の果物に比べて糖質の過剰摂取を招きやすい。

※ジュースは「（皮をむいたり噛んだりしないために）すばやく摂取できる」ことを「ゴクゴク飲めてしまう」と訳しました。また、whole fruit は、whole bean coffee「挽いていないコーヒー豆」と同様に、「ジュースになっていない」という発想で訳しました。

語句 consume「摂取する・消化する」、whole「丸ごとの・壊れていない」、excessive「過剰な」、carbohydrate「糖質・炭水化物」、intake「摂取」

チェックポイント

☑ 従属接続詞 Because の形を意識する　　　　　　◎ △ ✕
☑ it is more likely (than A) to ～ という割り込み　◎ △ ✕

THEME 44 挿入

✦ **設問** 次の英文を和訳しましょう。

Does it really help society, or the victim, or the victim's family, to put in jail a man who, while drunk at the wheel of his car, has injured or killed another person?

（島根大学／前期）

ナビ〉 it と to の働きは？

ナビ〉 put の O は？

ナビ〉 while の後ろの構造に注意しよう

✦ 解説

テーマ	コンマに振り回されない

よく「コンマがたくさんあると文構造がわからなくなる……」という相談を受けますが、それは発想がまったく逆なんです。

「コンマは解釈の正しさを"確認する"ために使う」のが鉄則です。品詞の知識を駆使して（基本的にコンマを無視して）英文を読んでいった後にその読み方が正しいかどうかの「確認の道具」がコンマなのです。間違っても「コンマを頼りに構文をとっていく」わけではありません。ここで大事なことは「コンマが多いとわからなくなる」という多くの受験生は「コンマに囚われすぎ」ということです。本書で説明している読み方を中心に考えていってください。

ちなみに、コンマがよく使われる場面もあるので、以下のことを軽くチェックしてもいいでしょう。

▶ 参考：コンマがよく使われる場面

□ 副詞（副詞句・副詞節）の後で　　例：If sv, SV
□ and が SV を結ぶ場合（SV, and SV の形）
□ and 直後に副詞が入る場合（A and, (M) B の形）
例：He is a quick learner and, more importantly, he has a strong sense of responsibility.「彼は飲み込みが速いし、もっと大切なことは、彼は責任感が強いということだ」となります（more importantly の後のコンマは上の「副詞の後で」コンマを打つパターン）。

❗ 解析

Does it really help <society, or the victim, or the victim's family>, <to
　　　　 V　仮S　　　　　　　　　　　　　　　　　 O　　　　　　　　　　 真S

put (in jail) <a man [who, (while {he was} drunk at the wheel of his car),

has injured or killed another person]>>?

(!)指針

⊘ Does it really help society を見たら？

このままではitが意味不明なので、仮Sで後ろに真Sがくる（可能性が高いのはtoかthat）と予想します。

⊘ or the victim を見たら？

真Sが出る前に、まだhelpのOが続いていると考えます。つまりsociety, or the victimのように並んでいると考えます。

その後に真Sがくるかと思いきや、またor the victim's familyと続きます。「Oをあれこれと付け足しているだけ。そのときにコンマがあるだけ」くらいに考えるわけです。

⊘ to put in jail を見たら？

真Sのtoだと考えます。さらに他動詞putのOがくるべきところにM（in jail）がきているので、その後にOがくるVMOの形を予想します（178ページ）。

※「put inで何かの熟語なのかも？」と思うのはアリですが、put in jailの後にa manという名詞が続く（2つ名詞が続く）時点で熟語ではないとわかります。

⊘ a man who, while を見たら？

関係代名詞whoの後は動詞がくるはずですが、ここではwhileがあるので、while svがきて、who, while sv, v 〜 の形を予想します。ここでのコンマは副詞節（while 〜）が割り込んだために使われているとわかります。

⊘ while drunk を見たら？

whileの後にくるs＋be動詞が省略されていると考えます（ここではhe wasの省略）。be drunk「酔っぱらって」、at the wheel of 〜 は直訳「〜ハンドルのところで」→「〜の運転席で・運転しながら」です。以上からwhile drunk at the wheel of his carは「飲酒運転しながら」となります。

※この表現は「自動運転」の長文でも出ますのでしっかりチェックを。

そしてその後にwhoに対する動詞（has injured or killed）がきています。

直訳 ：飲酒運転をしている間に他人を負傷や死亡させた人を刑務所に入れる
　　　ことは、社会、あるいは犠牲者や犠牲者の家族を本当に助けるのだろう
　　　か。

意訳 ：飲酒運転中に対人事故を起こした人を投獄したら、社会、もしくは犠牲
　　　者、犠牲者の家族の本当の救いとなる［本当にためになる］のであろう
　　　か？

※名詞的用法のto不定詞は「…すれば」と意訳できます／ちなみにこの英文の続きには「犠
　牲者にお金を払うほうが役立つ」とあります。そこまで読めば今回の英文は修辞疑問文
　（反語）「（たとえ投獄しても）実際には役立たない」だとわかります。

語句 ▶ victim「犠牲者」、jail「刑務所」、be drunk「酔っぱらって」、wheel「ハ
　　　ンドル・車輪」、injure「負傷させる」

チェックポイント

☑ 仮Sのitと真Sのtoの形　　　　　　　　　　　　　　　　◎ △ ✕
☑ put のO は a man who ～　　　　　　　　　　　　　　　◎ △ ✕
☑ who の後に while drunk at the wheel of his car が割り込んでいる　◎ △ ✕

特殊な SVO

SVO をとる動詞の中には、長文でものすごく大事な意味を担うものがあります。本書ではそれを「因果表現の動詞」と「イコールの意味になる動詞」としてまとめました。即得点につながるこの2つをしっかりマスターしていきましょう。

注意すべき意味を持つ動詞 (1)

✦ **設問** 次の英文を和訳しましょう。

The coal industry's development in the latter 18th century was triggered by several factors.

（青山学院大学／経済）

ナビ〉原因と結果の関係を把握しよう

✦ 解説

> テーマ 　因果表現は「原因と結果の関係」を把握する

辞書・単語帳では、動詞 cause を「〜の原因となる」と訳すわけですが、このような覚え方をすると、英文で「何が原因で、何が結果か?」を一瞬で理解できないことがあります。まして受動態 be caused by になるとなおさらです。こういった**因果表現は「形」から考える**のがベストです。

▶ **(1)** 原因 **V** 結果 の形をとるもの 「原因 によって 結果 になる」

> 原因 cause 結果 ／ 原因 bring about 結果 ／ 原因 lead to 結果 ／ 原因
> contribute to 結果 (135ページ) ／ 原因 give rise to 結果 ／ 原因 result
> in 結果 ／ 原因 is responsible for 結果 ／ 原因 trigger 結果

▶ **(2)** 結果 **V** 原因 の形をとるもの 「結果 は 原因 によるものだ」

> 結果 result from 原因 ／ 結果 come from 原因 ／ 結果 arise from 原因
> ／ 結果 derive from 原因

▶ **(3) V** 結果 **to** 原因 の形をとるもの 「結果 を 原因 によるものだと考える」

> owe 結果 to 原因 ／ attribute 結果 to 原因 ／ ascribe 結果 to 原因

訳は原因と結果の関係が表れていればどんなものでもかまいません。たとえば、S cause O なら「S が原因で結果的に O になった」でも「S は O になった」でもいいのです。

※この因果表現の場合、無生物主語の第3文型だからといって受動態で訳す必要はありません。

❓ 解 析

> <The coal industry's development 〜 century> <u>was triggered</u> (by 〜).
>   S   V   M
>
> ※これは受動態の形 (S is p.p. by 〜) を意識した解析ですが、実際は " 結果 is triggered
>   by 原因 " という構造を意識することが大事です (その発想を今から解説していきます)。

❗指針

🌿 trigger の意味は？

trigger は本来「拳銃の引き金」で、そこから「引き起こす」という意味で使われます（日本語で「トリガーになる」と使われることも）。今回は直訳「〜によって引き起こされる」と訳しても違和感はありませんが、今後、難しい英文が出てきたときのためにも、"原因 trigger 結果"の関係を意識しておきましょう。今回は受動態になった "結果 is triggered by 原因"という形です。日本語訳は「原因（いくつかの要因）と結果（炭鉱業の発展）の関係」が表れていれば、どんなものでも OK です。以下の「直訳」では「後ろから（つまり原因から）」訳し、「意訳」では「英語と同じ順番で（結果を先に）」訳しています。

※ちなみに、実際の問題では triggered に下線が引かれて同じ意味の単語として caused を選ばせる設問がありました。

和訳例

直訳：様々な要因によって、18 世紀後半の炭鉱業の発展が引き起こされた。

意訳：18 世紀後半に炭鉱業が発展したのは、様々な要因が引き金となっていた。

語句 ▶ coal「石炭」、the latter「後半（の）」

チェックポイント

☑ "原因 trigger 結果"の形を意識する　　　　　　◎ △ ✕

☑ 和訳では「原因」と「結果」をハッキリさせる　　◎ △ ✕

THEME 46. 注意すべき意味を持つ動詞 (2)

◆ **設問** 次の英文を和訳しましょう。

■ Generalizations は（訳さずに）そのまま使ってください。

Generalizations involve matching a category of people to a behavior or trait.

（早稲田大学／商）

ナビ〉involve をどう訳すと自然になる？

◆ 解説

involveは「巻き込む・含む」と覚えているでしょうが、実際の英文では「〜を意味する」という意味も非常に重要です。S involve O「SはOという意味だ／SとはすなわちOのことだ」のように、「Sの意味を定義する」表現としても使われます。厳密には「全体（S）は部分（O）を含む」ということなので、完全にイコールではないのですが、もはやS＝Oと判断したほうがその英文の主張がリアルに伝わってきます。たとえばサッカー選手が「PK戦にはメンタルの力も含まれるぞ」と言うときの主張は「PK戦＝メンタルの力」と考えたほうが、その主張が伝わりやすくなりますよね。以下、involveの意味を確認して、同じように「イコール」の意味になる動詞をチェックしておきましょう。

▶ involveの大事な意味　核心イメージ「巻き込む」

①巻き込む・含む　②意味する　③例となる（S involve O「Sの例としてOがある」）　④夢中にさせる（人の心を巻き込む）

▶ イコール動詞

英単語＼意味	よく示される訳語	重要なイメージ
be	〜である	「イコール」を意識
mean	〜を意味する	
refer to	〜に言及する	
involve	〜を含む・巻き込む	オーバーに言えば「イコール」と考える
include	〜を含む	
constitute	〜を構成する	
represent	〜を代表する	
show	〜を示す	
signify	〜を示す・意味する	

※be のみ第2文型、その他は第3文型になる（この「イコール動詞」は文型という枠組みを無視してまとめて考えてOKです）。

❗解 析

Generalizations <u>involve</u> <matching a category of people to a 〜>.
      S   V   O

❗指 針

✍ involve の意味は？

「含む」でもいいのですが、「イコール」だと意識することで、ここでは Generalizations の説明・定義をしていることがより鮮明になります。このように英文中で用語の定義をするときに、involve などのイコール動詞が多用されるのです。

involve の後にある match は（日本語で「マッチング」と使われますが）「合わせる」という意味で、match A to B「A を B に合わせる」です。

和訳例

Generalizations（一般化・普遍化）とは、あるカテゴリーの人たちを、何かしらの行動や特徴に結び付けることである。

※たとえば「AB 型の人はこういう行動をする」と結び付けることです。

語句 match「合わせる・適合させる」、category「カテゴリー・分類上の区分」、behavior「行動」、trait「特徴」

チェックポイント

☑ involve は「イコール動詞」　　　　　　　　　　◎ △ ✕

Chapter 9
特殊なSVO

tell 型 の 語 法

　語法は「型」で整理するのがオススメです。notify 人 that ～ の形が出てきましたが（72 ページ）、notify は tell 型に属する動詞で、この tell 型には基本形が3つ（tell 人 of 物／tell 人 that SV／tell 人 to 原形）あり、以下の8個の動詞の語法を一網打尽で整理できます（表の赤い部分だけをチェックしてください）。

【tell 型の動詞】

動詞 ＼ 型	V 人 of ～	V 人 that ～	V 人 to ～
tell「話す」	tell 人 of ～	tell 人 that ～	tell 人 to ～
remind「思い出させる」	remind 人 of ～	remind 人 that ～	remind 人 to ～
convince「納得・確信させる」	convince 人 of ～	convince 人 that ～	convince 人 to ～
persuade「説得する」	persuade 人 of ～	persuade 人 that ～	persuade 人 to ～
warn「警告する」	warn 人 of ～	warn 人 that ～	warn 人 to ～
notify「通知する」	notify 人 of ～	notify 人 that ～	notify 人 to ～
inform「知らせる」	inform 人 of ～	inform 人 that ～	~~inform 人 to ～~~
assure「保証する」	assure 人 of ～	assure 人 that ～	~~assure 人 to ～~~

※厳密に言うと、×）inform[assure] 人 to ～ という形は存在しないのですが、そこまでは問われませんので、そんなことは気にせずに 8 × 3 ＝ 24 個のつもりで覚えるとラクです。

名詞構文

「和訳がカタすぎて不自然」「なんとなく訳せるけど言ってることがよくわからない」ことの原因は、たいてい「動詞から派生した"名詞"」を直訳しているからです。それを一気に解消するのが今回扱う「名詞構文」というものです。

名詞構文 (1)

✦ 設問 次の英文を和訳しましょう。

The rise and fall of his chest told us that he was still alive.

（オリジナル）

ナビ〉 できるだけ自然な和訳にしてみよう

✦ 解説

| テーマ | 名詞構文をマスターして自然な和訳をつくる |

名詞構文は以下のように考えてください。

(1) v' を見つける

「動詞派生の名詞」を見つけたら、v'（動詞っぽい単語）と考えてください。「派生語を見つける自信がない」という人は、日本語訳がカタくなったら「どこかに v' があるはず」と考えて英文を読みなおしてみてください。その名詞に「〜すること」をくっつけて意味が通ればそれは v' です。

たとえば ignorance「無視」なら「無視すること」と訳しても自然ですね。こういう場合は、v' で解釈したほうが自然な日本語になります。

一方、fact「事実」を「事実すること」にすると意味不明な日本語になりますね。このように fact のような単語を v' と考えることはできません。

(2) 格関係を考える（主に of が使われる）

多くの場合、v' の直後には前置詞があります。v' の後にくる前置詞の代表格が of で、"v' + of 〜" の形は「格関係の of」と呼ばれます。

▶格関係の of

①主格の of：v' の主語を示す／主語っぽく「〜が」と訳すと自然になる
②目的格の of：v' の目的語を示す／目的語っぽく「〜を」と訳すと自然
※「格関係」には「同格」もありますが、v' とは関係ないので割愛します（例：the fact of his having met her「彼が彼女に会った事実」）

「主格の of」と「目的格の of」の判別は「v' が本来は自動詞か他動詞か？」が大きなヒントになりますが、実際には「が」と「を」を当てはめてみればすぐに判断できます。

❗解析

<The rise and fall [of his chest]> told us <that he was still alive>.
　　　S　　　　　　　　　　　　　V　O　　O　　(s)　(v)　　(c)

❗指針

✐ rise と fall を見たら？

The rise and fall of 〜 の形なので、この rise と fall は動詞から派生した名詞 (v') です。動詞 rise・fall は自動詞で使うのが普通で、実際に of を「が」と考えてみると「彼の胸が上がることと下がること」で意味が通るので、「主格の of」だと判断できます。

✐ 全体は第何文型？

S tell 人 that 〜 の第4文型です。直訳は「S は 人 に that 〜 と伝える」ですが、無生物主語なので「S によって 人 は that 〜 だと伝えられる（わかる）」とすれば自然になります。

※無生物主語の第3文型同様、受動態で訳すと自然になります。

和訳例

直訳：彼の胸の上昇と下降は、彼がまだ生きていることを私たちに伝えた。

意訳：彼の胸が上下していたことから、彼はまだ生きていると私たちにはわかった。

語句　chest「胸」、alive「生きている」

チェックポイント

☑ 今回の rise と fall は v'　　　　　　　　◎　△　✕

☑ 今回の of は主格「〜が」で訳す　　　　　◎　△　✕

☑ 全体は "無生物主語 tell 人 that 〜" の形　◎　△　✕

名詞構文 (2)

✦ **設問** 次の英文を和訳しましょう。

The application of artificial intelligence in the design of this vehicle has resulted in a body that is much lighter but just as strong as the old model's.

（オリジナル）

ナビ〉 v'を探そう

Chapter
10
名詞構文

> **テーマ** 主格の of と目的格の of の演習

「主格の of」と「目的格の of」の判別は「v'が本来は自動詞か他動詞か？」と「"が"や"を"を当てはめてみる」わけですが、実際の場面では主格・目的格、どちらでもOKな場合もあります。

たとえば、the closure of the factory は、主格なら「工場が閉鎖されたこと」（受動態「〜された」）となり、目的格なら「工場を閉鎖すること」となります。受動態で考えるか、能動態で考えるかの違いであって、表していることは同じです。

❶ 解析

<The application [of artificial intelligence in the design of this vehicle]>
$\quad$ S

has resulted in <a body [that is much lighter {than the old model's}
V $\quad$ O

$\qquad$ but

just as strong as the old model's]>.

❶ 指針

✐ application を見たら？

The application of の形から v'だと判断します。apply「応用する・適用する」の名詞形です。ここでは「目的格の of（〜を）」だと考え、「〜を応用すること」とすれば自然になります。

※受動態で考えれば「主格の of」でもOKです。その場合は「人工知能が応用（適用）されたこと」となります。

✐ result in をどう考える？

これは因果表現なので、"原因 result in 結果"で考えます（189ページ）。全体は「〜を応用すること（原因）→ ボディ（結果）」となるわけです。

✍ 比較相手が省略されている

「結果」の部分はbutで2つのC (much lighter と just as strong as the old model's) が結ばれています。

比較級 (lighter) と原級比較 (as strong) があるので、それぞれ「比較の相手」が必要ですが、同じ相手 (the old model's) なので共通していると考え、much lighter の後の比較相手は省略されています。

和訳例

> 直訳 ：この自動車のデザインにおける人工知能の応用は、古いモデルのボディよりはるかに軽いが、同じくらい強いボディという結果をもたらした。
>
> 意訳 ：この自動車の設計に人工知能を応用したことにより、旧モデルよりもはるかに軽量にもかかわらず、以前と変わらぬ頑丈さを誇る車体が完成した。

語句 ▶ application「応用」、artificial intelligence「人工知能」、design「設計」、vehicle「車・乗り物」、result in 〜「〜につながる」、much「(比較級を強調して) はるかに」、light「軽い」

チェックポイント

☑ application は v'	◎ △ ×	
☑ 目的格の of「〜を」で訳す	◎ △ ×	
☑ 全体は "原因 result in 結果" の形	◎ △ ×	

Chapter 10
名詞構文

名詞構文 (3)

✦ **設問** 次の英文を和訳しましょう。

🔹 Marie Curie は「マリー・キュリー」、Henri Becquerel は「アンリ・ベクレル」です。

Marie Curie's contribution to the development of the theory of radioactivity led to her sharing the 1903 Nobel Prize for Physics with her husband and Henri Becquerel.

(オリジナル)

ナビ〉 訳がカタいところがあればv'を探そう

ナビ〉 led は「つながる」よりも適切な訳がある

解説

テーマ **of以外の前置詞で格関係を表す**

v'の後の主格・目的格はofが使われることが多いのですが、それ以外の前置詞を使った文を確認していきましょう。

▶ **(1) 主格：of以外でs'になるパターン**

> by ～ ・ between ～ ・ on the part of ～

the difference between A and Bは直訳「AとBの（間にある）違い」で問題ありませんが、「AとBは違う（ということ）」とも訳せます。
on the part of ～ は「～の側の」と訳されがちですが、s'と考えて、an active choice on the part of the childなら、直訳「子どもの側の積極的な選択」ではなく「子どもが積極的に選ぶこと」とすれば自然な日本語になります。

▶ **(2) 目的格：of以外でo'になるもの**
s'と違って、o'の場合は様々な前置詞が使われます。他動詞だったものが単純に名詞化したときは（他動詞は前置詞不要なので）特に相性がよい前置詞もなく、そのときにofが使われます。たとえば、動詞explain ～ が名詞化するとexplanation of ～「～を説明すること」となるわけです。
ところが（前置詞とペアになる）熟語動詞では、名詞化しても元々相性がよい前置詞を「キープする」のです。動詞depend on ～ が名詞化するとdependence on ～「～に頼ること」となります。
このように本来の動詞と相性がよい前置詞（dependの場合はon）は、名詞化しても同じ前置詞を引き続き使うわけです。

解析

<Marie Curie's contribution [to the development of ～ radioactivity]>
       S

led to <her sharing the 1903 Nobel Prize for Physics with her ～>.
V   O

🖋 contribution を見たら？

contribute to 〜 が名詞になったのが contribution to 〜 です。名詞化しても to をキープしていますね。

さらにここでは Marie Curie's という所有格があり、これが s' を表します（所有格は s' も o' も表せます。判別は文脈判断ですが、今回のように後ろに o' が続くときは、必然的に s' だとわかります）。つまり「マリー・キュリーが〜に貢献したこと」と訳すと綺麗になります。

※ contribute to 〜 の因果の意味は189ページにありますが、ここでは単純に「貢献する」が文脈に合いますね。

また、development も v' だと気づいた人はかなりよく反応できています。ただ今回は「発展すること」と訳すとクドいので、単純に「発展」でOKです。「やりすぎた」と思ったら普通に直訳すればいいだけです。

🖋 led to はどう考える？

"原因 lead to 結果" という因果表現ですね。「貢献したこと（原因）→ 賞をシェアしたこと（結果）」という関係を意識して訳してください。

🖋 sharing は動名詞

動名詞は（動詞の性質を残すために）後ろに O をとれます（目的格の of がなくても OK）。ここでは her sharing A with B の形になっています。この her は「動名詞の意味上の主語」なので、やはり「彼女が A を B とシェアしたこと」となります。

※発展事項ですが、the -ing of 〜 という形もあります。この場合の動名詞は the がつくことで「より名詞に近い」ため、目的格の of が必要となるのです。まあ「あら、そうなのね」くらいの理解で OK です。

和訳例

直訳：マリー・キュリーの放射能理論の発展への貢献は、彼女が夫とアンリ・ベクレルと1903年のノーベル物理学賞を共有したことにつながった。

意訳：マリー・キュリーは放射能理論の発展に貢献したため、夫とアンリ・ベクレルと、1903年のノーベル物理学賞を共同で受賞することになった。

語句 contribution「貢献」、theory「理論」、radioactivity「放射能・放射線」、share A with B「A を B と共有する」、physics「物理学」

チェックポイント

☑ contribution to は v'　　　　　　　　　　◎　△　✕

☑ 今回の2つの所有格は s'　　　　　　　　　◎　△　✕

☑ "原因 lead to 結果"の形　　　　　　　　◎　△　✕

名詞構文 (4)

✦ **設問** 次の英文を和訳しましょう。

Nami's reluctance to meet new people caused her to be lonely at college.

（オリジナル）

ナビ〉 be reluctant to ～「～したがらない」

✦ 解説

<hr>

テーマ v'の応用（所有格・c'・to不定詞）

<hr>

depend on 〜 → dependence on 〜 のように「前置詞をキープする」パターンはすでに解説しましたが、前置詞以外に **to不定詞などもキープ**します。たとえば、be able to 〜 → ability to 〜「〜できること」となります。

※厳密には able は形容詞なので、v'というよりc'です。「形容詞が名詞化するときはc'と考える」のもアリですし、be able to 〜 という1つの動詞が丸ごと名詞化しているので、結局はv'と考えてもOKです。

また、**接続詞thatをキープ**することもあります。V that 〜 という形では、V は「思う・言う」の意味を根底に持ちますが（106ページ）、こういった動詞が名詞化するときは接続詞thatをキープします（その場合のthatは「同格」の用法です）。たとえば、believe that 〜 → belief that 〜「〜だと信じること・信じられていること」です。この場合、v'の後にきたthatをo'と考えると綺麗に訳せます。たとえば、his belief that the earth is flat なら「彼が地球は平らだと信じていること」になります。

⚠ 解析

<Nami's reluctance to meet new people> <u>caused</u> her to be lonely (at 〜).
                          S   V   O   C

⚠ 指針

✐ reluctance を見たら？

be reluctant to 〜「〜したがらない」が名詞 reluctance to 〜「〜したがらないこと」になっています。（reluctance はc'ですが）reluctance to meet を1つのv'と考えるといいでしょう。

ここでの所有格はs'を表し、Nami's reluctance to 〜「ナミが〜をしたがらないこと」となります。

✍ cause がとる形は?

全体は、S cause 人 to ～「S によって、人 は～する」の形です (114 ページ)。
「Nami's reluctance to meet new people によって、her (Nami) は lonely
だ」が骨組みになります。

| 和訳例 |

直訳：ナミの新しい人と会う気の進まなさは、彼女を大学で寂しい状態にさせ
た。

意訳：ナミは知らない人と会いたがらなかったので [新しい人と会うことに消
極的だったので]、大学の頃、寂しい思いをした。

語句 ▶ lonely「一人ぼっちの・寂しい」、college「大学」

| チェックポイント |

☑ Nami's reluctance to meet が v' のカタマリ　　　◎　△　✕
☑ 全体は、S cause 人 to ～ の形　　　　　　　　　　◎　△　✕

THEME 51. 名詞構文 (5)

✦ **設問** 次の英文を和訳しましょう。

I'm a great believer in the idea that relatively small changes in our nutritional status bring big benefits in the long term.

（高知大学／前期）

ナビ〉「私は〜する人だ」なんて不自然な訳にしないように

ナビ〉 nutritional status「栄養上の状態」

テーマ 形式動詞を理解する（形式動詞を無視するパターン）

---

v'は「動詞っぽく訳す」わけですが、v'の前に動詞が出てくるときもあります。よくあるパターンは、SVOのOにv'がきたとき、SVCのCにv'がきたときです。どちらも、SV＋v'という形になります。（v'の前にある）動詞はv'に意味の中心を奪われるので「形だけの動詞」ということで「形式動詞」と呼ぶことにします。

形式動詞の意味には3パターンありますが（①無視できる、②何かしらのニュアンスを持つ、③否定の意味を持つ）、今回はまず①の「無視する」パターンを扱います。

たとえば熟語take a look「見る」では名詞lookがv'なので、これを「見る（こと）」と訳し、形式動詞takeは完全に無視します。

この発想は熟語以外でも使えます。東海道新幹線の車内アナウンスで、Ladies and gentlemen, we will soon make a brief stop at Shin-Yokohama. と流れますが、名詞stopがv'です。よって形式動詞makeは無視します。形容詞briefはstopを修飾しますが、stopを動詞っぽく訳すので、briefは副詞っぽく「短く」とします（動詞を修飾するのは副詞）。「もうすぐ新横浜で短く止まる」→「この列車はもうすぐ新横浜でいったん停車します」ということです。

このように、言ってみれば「無色透明の形式動詞」は訳すときは無視してOK（というより無視すべき）なのです。

！解析

I'm a great believer
S V   C

[in the idea 〈that <relatively small changes 〜> bring big benefits
                             (s)   (v)   (o)

(in the long term)〉].
       M

⚠️ 指針

✐ believer を見たら？

動詞からできた名詞なので believer を v' と考えます。それに伴って、その前にある am は形式動詞だとみなし、訳す必要はありません。形容詞 great は believer を修飾するので、副詞っぽく「すごく・強く」などとします。さらに、in ～ は o' と考えます（believe in ～「～の存在を信じる・よいものと信じる」）。

I'm a great │believer in│ 〈the idea <that ～>〉
無視　　M'　　　　　v'　　　　　o'　　　o' の同格

　「～という考えを強く信じている」

✐ that 以下は無生物主語の第3文型

この形は受動態で訳すと自然になるので、「changes によって、big benefits が bring される」と考えれば OK です。

※今回の bring は因果の意味だと考えられますが、いつもそうとは限らないので因果表現として覚える必要はありません。ちなみに bring about なら必ず因果表現で考えてください（189ページ）。

和訳例

| 直訳 |：私は、栄養上の状態における比較的小さな変化が、長い期間では大きな利益をもたらすという考えにおける偉大な信奉者です。

| 意訳 |：栄養上の状態が比較的小さく変化するだけでも、長い目で見れば大きなプラスになるという考えを、私は強く信じています。

語句 relatively「比較的」、benefit「利益」、in the long term「長期的には」

Chapter
10

名詞構文

チェックポイント

☑ believer in ～ は「～を信じている」と訳す　　　◎ △ ×
☑ 無生物主語の第3文型は受動態で訳す　　　　　◎ △ ×

名詞構文 (6)

✦ **設問** 次の英文の下線部を訳しましょう。

▝▖ 英語学習で「文の並び替え問題」が効果的だという話。

The children may not necessarily know what the words mean at first, but they are developing an understanding of how to build a sentence in English.

（奈良教育大学／前期）

ナビ 「理解力を発達させている」という訳は避けよう

✦ 解説

テーマ　形式動詞を理解する（副詞ニュアンスのパターン）

前回に続いて形式動詞の解説になりますが、今回は、②「何かしらのニュアンスを持つパターン」です。I developed a liking for *natto.* という英文は、likingをv'「好き（なこと）」で訳します。forは本来「方向性」を表し、「好きなものの方向」を示すのでo'です。developedは形式動詞なので無視できます（もちろん「過去形」という情報は利用しましょう）。以上から「納豆が好きだった」と訳せます。

すでに意味は十分に理解できるので、これはこれでOKですが、前回のtake・make・amと違って、developは厳密には「無色透明」とは言えませんよね。こういう場合は「副詞っぽく訳す」と、英文の意味がより鮮明に伝わります。develop「発達させる」は「どんどん広がっていく」イメージなので、「ますます・徐々に・だんだんと」のような訳語を付け足すことができるのです。「だんだんと納豆を好きになった」と訳せれば完璧です。

※このように、形式動詞を無視しても大体の意味はわかりますし、ニュアンスを出せれば完璧に訳せるわけです。

🄠 解析

The children may not (necessarily) know <what the words mean>
　　　　S　　　　　　　V　　　　　　　　　　　O

(at first), but they are developing <an understanding [of how to
　　　　　　　　S　　　V　　　　　　　　O

build a sentence 〜]>.

🄠 指針

⌀ understanding を見たら？

understandingがv'で、of 〜 がo'になります。developingは形式動詞で、無視してもいいのですが、理想は「どんどん」などの副詞要素を加えることです。

they are developing an | understanding | of <how to build ～>
　　　無視 or M'　　　　　　　　 v'　　　　　　　　　 o'

「子どもたちは、～を次第に理解していく」

ちなみにこの英文は、実際の出題時に内容一致問題の該当箇所になりました。この developing an understanding of how to ～ の部分が設問の英文では gradually understand how to ～ になっていたのです。

※これはつまり出題者が「本文 (developing an understanding) はgradually understand だと考えられますか?」と聞いているわけです。このような書き換えは実は入試でものすごく多いのです。

和訳例

直訳：彼らは英語で文をつくる方法についての理解力を伸ばしているところだ。

意訳：子どもたちは、最初は必ずしもそういった単語がどんな意味になるのかがわかるとは限らないのだが、英語での文の組み立て方を次第に理解している最中なのだ。

※この進行形は「子どもが理解していく過程」を表しています。日本語にするにはかなり難しいので、多少不自然な訳でも許容範囲です(もちろん「理解力を発達させている」という訳はよくありません)。

語句▶ not necessarily「必ずしも～というわけではない」(部分否定)、build「組み立てる」

チェックポイント

☑ understanding は v'　　　　　　　　　　　 ◎ △ ×
☑ develop は形式動詞 (副詞ニュアンス)　　　 ◎ △ ×

214

THEME 53. 名詞構文 (7)

✦ **設問** 次の英文を和訳しましょう。

「従来の『音楽は右脳で処理される』という説」に反し、新たな研究で「音楽は脳全体で処理されている」ことがわかったという話。

Through studies of people with brain damage, we've seen patients who have lost the ability to read a newspaper but can still read music, or individuals who can play the piano but lack the ability to button their own sweater.

（お茶の水女子大学／前期）

ナビ〉「能力を失った・能力を欠いた」でもいいが、さらに自然な和訳を目指そう

ナビ〉 read music「楽譜を読む」

✦ 解説

テーマ 形式動詞を理解する（否定ニュアンスのパターン）

形式動詞の最後のパターンは、③「否定の意味を持つ」形式動詞です。今まで無視したり、副詞っぽく（おまけ的に）訳したりしたのですが、今回は無視できない「否定・マイナス」で訳すパターンです。

We will finally end our dependence on oil from the Middle East.

これはオバマ元アメリカ大統領の演説での文です。dependence が v' なので、動詞 end は形式動詞です。ただし、end を無視してしまうと「石油に頼る」と、本来の意味とは違ってしまいます。

このように意味が逆になる場合は、形式動詞を「否定・マイナス」のニュアンスで訳します。具体的に言えば、v' に「not をつける」もしくは、v' を「やめる・へらす・間違って〜する」などと考えます。

このパターンをとる「否定的な形式動詞」は lose・lack・end などで、実際に気づくのは簡単なので心配無用です。

※今まで教えてきて、これで困る受験生はまったくいませんでした（むしろ v' 自体を見落としてしまうミスのほうが多いです）。

以上から、dependence を v'、end は「否定文」もしくは「やめる」の意味で考えて「頼らなくなる・頼ることをやめる」と訳しましょう。「我々はついに中東からの石油に頼らなくなるのだ」となります。

※確かに、end our dependence を直訳「依存に終止符を打つ」なんて訳せば演説っぽいのですが、みなさんには v' の感覚と否定系統の形式動詞をマスターできるようになってほしいのです。直訳はいつでもできるので。

ℚ 解析

(Through studies of people with brain damage),
we've seen <patients [who have lost the ability to read a 〜 but can 〜],
　S　　V　　　　O

　　　　　　　or
　　individuals [who can 〜 but lack the ability to button 〜]>.
　　　　　　　　O

🔔 指針

✍ orで結ばれるものは？

seeのOが2つあります（patientsとindividuals）。それぞれwho〜 で修飾されています。ちなみに最初にあるstudiesをv'「研究することを通して」としてもいいのですが、ここは直訳「研究」で自然なのでそのままでいいでしょう（もちろんv'と気づいたことは素晴らしいです）。

✍ 2つあるabilityを見たら？

どちらもv'で、ability to read・ability to buttonをまとめてv'と考え、その前のhave lost・lackは「否定ニュアンスの形式動詞」だと判断します。

   have lost the ⎜ability to read⎟ a newspaper
否定ニュアンス   v'   o'

  「新聞を読めなくなった」

   lack the ⎜ability to button⎟ their own sweater
否定ニュアンス   v'   o'

  「セーターのボタンを留めることができない」

和訳例

直訳：脳に損傷がある人の研究を通して、新聞を読む能力は失ったが、それでも楽譜は読める患者、もしくはピアノは演奏できるがセーターのボタンを留める能力を欠いた人たちを我々は目にしてきた。

意訳：脳に損傷がある人に関する研究を通して、新聞を読むことはできなくなったが楽譜は読める患者、もしくはピアノは演奏できるがセーターのボタンを留めることができない人たちの存在に気づいた。

語句 ▶ damage「損傷」、patient「患者」、button「ボタンを留める」

チェックポイント

☑ 2つのability to 〜 をv'で考える	◎ △ ✕
☑ have lostとlackは否定ニュアンスの形式動詞	◎ △ ✕

(1)「時」を表す従属接続詞

when「〜するとき」／while「〜する間」／whenever「〜するときはいつでも」／before「〜する前に」／after「〜する後に」／till・until「〜するまでずっと」／since「〜してから今まで」／as soon as「〜するとすぐに」／by the time「〜するまでには」／every time・each time・any time[anytime]「〜するときはいつでも」／the moment・the minute・the instant「〜するとすぐに」／the first time「初めて〜するとき」／{the} last time「この前〜したとき」／{the} next time「次に〜するときは」

(2)「条件」を表す従属接続詞

if「もし〜なら」／unless「〜しない限り」／once「いったん〜すれば」／in case「もしも〜の場合には・〜するといけないから」／as long as・so long as「〜する限りは」／as far as・so far as「〜する範囲内では」／suppose・supposing・provided・providing「もし〜なら」／given {the fact}「〜を考慮すると・〜を仮定すると」

(3)「対比／逆接・譲歩」を表す従属接続詞

while・whilst・whereas「〜する一方で」／though・although「〜だけれども」／albeit「〜だけれども・〜にもかかわらず・たとえ〜でも」／even though「(実際そうであるが)たとえ〜でも」※thoughを強調したもの／even if・if「(実際はわからないが)たとえ〜でも」※ifだけでeven ifの意味で使うこともできる／whether「〜してもしなくても」／as「〜だけれども」※asには様々な意味がある（157ページ）

(4)「理由」を表す従属接続詞

because「〜だから」／since・as「〜だから」／in that「〜だから・〜という点において」／now that「今やもう〜だから」

(5)その他の従属接続詞

where「〜するところで」／wherever「〜するところはどこでも」／as・like「〜のように」※likeは本来前置詞だが後ろにsvがくることもよくある／as if・as though「まるで〜のように」

強調構文

強調構文の説明といえば「強調したい語句を It is 〜 that で挟む」「It is と that を取り払って完全な文になれば強調構文だとわかる」だけになりがちです。でもこれでは長文で自分から積極的に「強調構文ではないか？」と考えられるようにはなりませんよね。ここでは自ら積極的に強調構文に気づくための発想を解説していきます。

強調構文 (1)

✦ **設問** 次の英文を和訳しましょう。

▧ 「クモの糸は非常に強い物質だ」という話。

It's not just the material's exceptional strength that makes spiderwebs so durable.

（東京大学／前期）

ナビ It'sの役割は？

✦ 解説

テーマ **強調構文は「対比」を前提とする**

強調構文で大事なことは、強調構文の基本形 (It is not A but B that 〜「〜なのは決してAではなく、実はBなんだ」) を意識することです。強調されるもの (It is と that で挟まれるもの) は、not A but B「AではなくてBだ」が基本となります。強調構文は2つを比べた結果、片方を強調するので、常に「対比が前提となる」のです。

そして、基本形から少し変形が起きて、not A か but B のどちらかを強調する形がよく使われます。not A を強調するときは、but B を後ろに移動して、**It is not A that 〜, but B.** という形にします。
※ここから but の前で文を区切ることもよくあり、その場合はもはや接続詞 but は不要となります。It is not A that 〜. B (肯定文). という形です。

but B を強調するときは、not A を前か後ろに飛ばします。**... not A. It is B that 〜.**「Aでない。〜なのはBだ」や、**It is B that 〜, not A.**「〜なのはBだ、Aでない」となります (not A が移動するので、いきなり but が出てきたら意味不明なため、but は消えます)。
※みなさんが強調構文を初めて習うときは、いきなりこの形 (It is B that 〜) から教えられるのですが、これでは基本形や変形パターン (It is not A that 〜) に気づけないのです。

以上を踏まえてまとめると次のようになります。このパターンを見たら「強調構文ではないか?」と疑ってください。そして後ろに that を探せば OK です。ここで初めて、誰もが習う「It is と that を取って完全な文なら強調構文」という方法を使えば強調構文だと確信を得ることができます。

▶ **強調構文の即断パターン①対比系** ※②のパターンは次項で扱います

☑ **It is not A that 〜.**「〜なのは決してAではない」
　　※not A 以外に、not only A・not so much A などでも同様に強調構文を考える
☑ **It is B rather than A that 〜.**「〜なのは、実はAというよりむしろBだ」

補足ですが、当然ながら "It is not 形容詞 [p.p.] that ..." の場合は強調構文にはなりません（強調構文は形容詞を強調しないので）。これは単なる「仮主語構文」です。

It's not just the ～ strength that makes spiderwebs so durable.
            (s)   (v)   (o)   (c)

(!) 指 針

⊘ It's not を見たら？

強調構文の即断パターンですね。not just ＝ not only なので、It is not only を見たときと同じように反応します。つまり、これを見た瞬間に「強調構文ではないか？」と予想し、後ろに that を見つけて強調構文だと判断します。

その後に多くの人が教わる「It is と that を外しても文が成立すれば強調構文」という考え方で確認すればいいのです（the material's exceptional strength が S で、その後は make OC の形）。

※強調構文なので it を「それ」などと訳してはいけません。

⊘ SVOC の訳し方は？

「S によって、O は C だ」で訳します。ただし、It is と that で挟まれた S が強調されるので、「O が C なのは、実は S なのだ」と訳すと自然になります。強調構文は SVOC の S を強調するときによく使われるので、このパターンはぜひ知っておいてください。

また、「強調構文」と呼ばれる以上、「きちんと強調すべき」で、「決して（～でない）」とか「実は」などの言葉を足すと、採点者に「強調構文わかってますアピール」ができます。わざとらしいクドい日本語になったらやめればいいのですが、これを意識すると英文の意図がより鮮明になります。

※「余計なこと書いていいんですか？」という質問がありますが、強調構文である以上、「余計」ではなく「必要」なんです。そこまで教える先生が極めて少ないので異端に見えますが、僕は本でも映像でもこの方法を数百万人に教えてきました。

ちなみに、本来は not just A but also B「A だけでなく B も」の形なので、この英文の後には「ではなぜクモの巣がそんなに耐久性があるのか？」というメインの理由がくることを予想すると、内容がスムーズに入ってきます。

| ※実際の長文では「実は、分子レベルでの相互作用」といった内容が続いていました。

和訳例

> クモの巣を極めて丈夫にしているのは、その物質が異常に強いということだけでは決してない。

※strengthをc'「強いこと」と訳しましたが、ここでは直訳「強さ」でも自然です。

語句 material「物質」、exceptional「異常な」、durable「耐久力のある」

チェックポイント

☑ It's not just を見て強調構文を予想する	◎ △ ×
☑ It's S that makes OC の形「OCなのは実はSだ」	◎ △ ×
☑ 強調構文なので、「決して」などをつけて訳す	◎ △ ×

強調構文 (2)

✦ **設問** 次の英文の下線部を訳しましょう。

▌ 3人の囚人の誰に仮釈放を出すか検討している（それぞれ審問時間は違い、1人目は午前8:50、2人目は午後3:10、3人目は午後4:25）。研究結果によると「犯罪の種類には関係なく、すべては仮釈放を検討する時間帯に関連があり、早朝のほうが仮釈放を得やすい」という話。

As a result, <u>it was only the man at 8:50 a.m. who was set free that day</u>, even though the man at 4:25 p.m. had committed the same crime with the same sentence.

（慶応大学／総合政策）

ナビ〉 who の役割は？

✦ 解説

テーマ | **強調構文で使われる「強調語句」に反応する**

強調構文の即断パターンの2つめは「限定・強調」の語句を使ったものです。これはIt is B that ～ という形から、ついBを強めてしまう結果、何かしらの強調語句（onlyなど）がつくことがよくあるので、それをパターン化したものです。これも「It is only ～ を見たらthatを探す。それはかなりの確率で強調構文になる！」という発想です。

▶ 強調構文の即断パターン②限定・強調系

☑ It is **only** B that ～.「～なのは、実はBだけだ」
☑ It is **the very** B that ～.「～なのは、まさにBだ」
☑ It is **this** B that ～.「～なのは、まさにこのBだ」
☑ It is **really[actually・in fact]** B that ～.「～なのは、本当はBだ」

🔔 解析

(As a result), it was <only the man at 8:50 a.m.> who was set free ～,
　　　　　　　　　　　　　　　　(s)　　　　　　　　　(v)　　(c)

(even though <the man at 4:25 p.m.> had committed <the same crime>
　　　　　　　　(s)　　　　　　　　　(v)　　　　　(o)

(with the same sentence)).

🔔 指針

✐ **it was only** を見たら？

強調構文を考えます。後ろにはthatを予想しますが、ここではthatの代わりにwhoが使われています。「人」を強調するときは、It is 人 who ～ の形になることが多いのです。

※whoは自体は文法書に小さく書かれていますが、実はwhoは頻繁に使われるので絶対に知っておかないといけません。

よく「強調構文のwhoに気づきましたか？」とだけ説明されるのですが、みなさんはit was onlyを見たときに「強調構文がくる！」という意識があるからこそ、whoを使った強調構文に気づけるようになるわけです。

ちなみに、it wasとwhoを外すと、the man at 8:50 a.m. がS、was setがV、freeがC (set OC「OをCの状態にセットする」→「OをCにする」の受動態)です。

和訳例

結果として、その日に釈放（仮釈放）されたのは、なんと午前8時50分に審問された囚人だけなのであった。午後4時25分に審問された囚人も同じ罪を犯して同じ判決を受けていたのに。

※ SV even though sv.「svだけれどもSVだ」は、左から右に「SVだ。svなのに」のように考えると自然になることもよくあります。

語句 as a result「その結果」、commit a crime「罪を犯す」、sentence「判決・刑罰」

チェックポイント

- ☑ it was onlyを見て強調構文を予想する　　　　　◎ △ ✕
- ☑ It is 人 who ～ の強調構文は頻繁に使われる　　◎ △ ✕

強調構文 (3)

✦ **設問** 次の英文の下線部を訳しましょう。

Music, after all, is nothing more than a sequence of sound waves. So <u>what is it that allows those waves to touch us so deeply?</u>

（慶応大学／理工）

ナビ〉 is it that の役割は？

ナビ〉 touch「感動させる」

解説

品詞から強調構文だと即断できるパターン

強調構文で強調できるものは「（主語か目的語になる）名詞」と「副詞」だけです。これを裏返すと「動詞・形容詞・Cになる名詞は強調できない」とわかります。さらにこれを踏まえると次のルールができあがります。

▶ 強調構文の即断パターン③品詞からの即断系

| ① It is 副詞 that ... | ※ 副詞 には副詞句・副詞節も OK |
| ② It is 代名詞 that ... | ※ It is he who ～ 「～なのは彼だ」のような形 |

また、強調構文の重要な形が2つあるので、チェックしておきましょう。

▶ 強調構文での重要な形

① 疑問詞 is it that ～？「一体全体 疑問詞 なのか？」
　　※本来は It is 疑問詞 that ～ で、疑問詞が文頭に出た形
② It was not until ～ that SV「～して初めて SV だ」
　　※until には前置詞・接続詞の両方があります

🔍 解析

Music, (after all), is <nothing more than a sequence of sound waves>.
　S　　　　　　　 V　　　 C

So what is it that allows <those waves> to touch us (so deeply)?
　　　 S　　　　 V　　　 O　　　　　　 C

🔍 指針

⬙ what is it that を見たら？

強調構文を考えます（疑問詞 what を強調）。

🌿 allow がとる形は？

It is that を取ると、What allows 〜 の allow 人 to 〜 の形です（今回は 人 のところに waves がきている）。これは「人 に〜することを許す」と訳されますが、SV 人 to 〜 の形なので「S によって 人 は〜する（〜することが許される）」と訳しましょう。

🌿 what をどう訳す？

S は what で「何によって」と訳します。さらに強調構文なので what を強めて「一体全体何によって（なんで）」とすれば完璧です。

※「強調構文は It is と that で挟まれたところを最後に訳す」という説明がよくあるのですが、ポイントはそこではなく（別に最初に訳してもいいのです）、「しっかり強調する日本語を明示する」ことが大事なのです。

🌿 those waves と touch us をどう訳す？

those waves が O、to touch 〜 が C なので、ここは実質「s'v' の関係」で、根底にあるのは those waves touch us という SV 関係です。直訳は「そういった波（音波）が私たちを感動させる」です（touch は「人の心に触れる」→「感動させる」）。ただ、those waves touch us という文は無生物主語の第3文型なので、受動態で訳して「そういった波で私たちは深く感動する（感動させられる）」とすればベストです。

和訳例

直訳：その音波が私たちをそれほど深く感動させるのは、何なのだろう。

意訳：音楽とは、結局、ひと続きの音波に過ぎない。では、その音波で私たちがそれほど深く感動する、その要因は一体全体はたして何なのだろうか。

語句 nothing more than 〜 「〜に過ぎない」、sequence「続いて起こること」

チェックポイント

☑ what is it that は強調構文 　◎ △ ✕
☑ allow 人 to 〜 の形と訳し方に注意 　◎ △ ✕

Chapter 11 強調構文

	用途	文法上の名称
-ing	名詞の働き	動名詞
	be + -ing で動詞の働き	分詞（現在分詞） ※be + -ing で進行形
	形容詞の働き（名詞を修飾）	分詞（現在分詞）
p.p.	have + p.p. で動詞の働き	分詞（過去分詞） ※have + p.p. で現在完了形
	be + p.p. で動詞の働き	分詞（過去分詞） ※be + p.p. で受動態
	形容詞の働き（名詞を修飾）	分詞（過去分詞）

☑ -ing の判別

① He likes sleeping until noon.

彼はお昼まで寝ているのが好きです。

※ sleeping は動名詞（like の目的語になって「名詞」の働きをする）

② The cats are sleeping together.

そのネコたちは一緒に寝ています。　※ are sleeping が現在進行形

③ Look at the sleeping babies.

寝ている赤ちゃんたちを見て。　※ sleeping は分詞（babies を修飾）

☑ p.p. の判別

① He has locked the door.

彼はそのドアにカギをかけた。　※ has locked が現在完了形

② The door was not locked.

ドアには鍵がかかっていなかった。　※ was locked が受動態

③ Harry tried to open the locked box with a hairpin.

ハリーはそのカギがかけられた箱をヘアピンで開錠しようとした。

※ locked は分詞（box を修飾）

Column この本の「後にやるもの」は？

　ここまでお疲れ様でした。参考書や問題集を1冊終えるというのは、何とも言えない達成感と高揚感に溢れるもので、まずはその心地良い気持ちに浸ってください。

★復習を完璧に
　その後はしっかりと復習をしてください。音読がまだやり切れてないところを中心にしっかりと英文を頭と体に染み込ませてください。

★次にすることは？
　各自のニーズや受験までの時間に応じて、以下を参考に次のステップへ進んでください。

(1)本書をやっていて「英文法」の抜けが気になった
➡もう1度しっかりと単元別に確認する
　➡『英文法ポラリス2』
➡多少の自信はあるので実戦形式で確認する
　➡『英文法ファイナル演習ポラリス2』

(2)さらに「英文解釈」をやりたい　※時間に余裕がある場合
➡本書と同じくらいのレベルでさらに演習したい
　➡『世界一わかりやすい英文読解の特別講座』
➡もう一段上のレベルに挑戦して英文解釈を極めたい
　➡『英文解釈ポラリス2』

(3)「長文」に入りたい　※この流れが定番
➡『英語長文ポラリス1』、次に『英語長文ポラリス2』

　ここまで取り組んでくれてありがとうございました。この本を使ったみなさんの合格を祈っています。

memo

m e m o

旅人の道を照らし出すポラリス（北極星）のように
受験生たちに進むべき道を示す問題集シリーズ

ポラリス ✦ POLARIS

英語長文

0 基礎レベル

1 標準レベル

2 応用レベル

3 発展レベル

英文法

0 基礎レベル

1 標準レベル

2 応用レベル

3 発展レベル

英文法 ファイナル演習

1 標準レベル

2 応用レベル

3 発展レベル

英作文

1 和文英訳編

2 自由英作文編

英語 頻出問題

1 標準レベル

2 応用レベル

現代文

1 基礎レベル

2 標準レベル

3 発展レベル

古文

1 基礎レベル

2 標準レベル

3 発展レベル

〔著者紹介〕

関　正生（せき　まさお）

　　　　オンライン予備校『スタディサプリ』講師。

　　1975年東京生まれ。埼玉県立浦和高校、慶應義塾大学文学部（英米文学専攻）卒業。TOEIC®L&Rテスト990点満点取得。

　　今までに出講した予備校では、250人教室満席、朝6時からの整理券配布、立ち見講座、定員200名の講座を1日に6回行い、すべて満席。出講した予備校すべての校舎で最多受講者数・最多締め切り講座数・受講アンケート全講座1位獲得。スタディサプリのCMでは全国放送で「授業」を行う（2017年から2022年まで6年連続）。YouTubeの授業サンプルの再生回数は累計3000万回突破。TSUTAYAの学習DVDランキングでトップ10を独占。

　　著書は『真・英文法大全』『カラー改訂版　世界一わかりやすい英文法の授業』（以上、KADOKAWA）、『丸暗記不要の英文法』（研究社）、『サバイバル英会話』（NHK出版）、『関正生のTOEIC®L&Rテスト文法問題　神速100問』（ジャパンタイムズ出版）など累計300万部（韓国・台湾などでの海外翻訳12冊）。NHKラジオ講座『小学生の基礎英語』（NHK出版）、英語雑誌『CNN ENGLISH EXPRESS』（朝日出版社）、週刊英和新聞『Asahi Weekly』（朝日新聞社）などでの連載。ビジネス雑誌での取材、大学・企業での講演多数。オンライン英会話スクール『hanaso』（株式会社アンフープ）での教材監修など、英語を勉強する全世代に影響を与える英語講師。

大学入試問題集　関正生の英文解釈ポラリス
[１　標準〜応用レベル]

2023年7月21日　初版発行
2024年9月5日　　7版発行

著者／関　正生

発行者／山下　直久

発行／株式会社KADOKAWA
〒102-8177　東京都千代田区富士見2-13-3
電話　0570-002-301(ナビダイヤル)

印刷所／大日本印刷株式会社

製本所／大日本印刷株式会社

●お問い合わせ
https://www.kadokawa.co.jp/（「お問い合わせ」へお進みください）
※内容によっては、お答えできない場合があります。
※サポートは日本国内のみとさせていただきます。
※Japanese text only

定価はカバーに表示してあります。

関正生の英文解釈

ポラリス ✦ POLARIS

1

標準〜応用レベル

【別冊】問題編

関正生 著

別冊は、本体にこの表紙を残したまま、ていねいに抜き取ってください。
なお、別冊の抜き取りの際の損傷についてのお取り替えはご遠慮願います。

関正生の

英文解釈

ポラリス ✦ POLARIS 1

標準～応用レベル

【別冊】問題編

関正生 著

✦ **設問** 次の英文を和訳しましょう。　　　　　　　　解説　本冊 p.38

❶ To know the rules of the ancient game go is not difficult, but to be really good at it takes a lifetime of practice.　　　　　（オリジナル）

ナビ〉go「囲碁」

----

❷ It's harmful to the environment to use cars.　　　　　（オリジナル）

----

❸ The most important thing to do right now is to call the police.　　　　　（オリジナル）

✦ **設問** 次の英文を和訳しましょう。　　　　　　　解説　本冊 p.42

❶ Eating too much sugar is not good for your health.　　　　　（オリジナル）

----

❷ Victor finished giving his dog Max a bath.　　　　　（オリジナル）

----

3 Jill's job is writing computer programs.　　　（オリジナル）

設問 次の英文を和訳しましょう。　　解説　本冊 p.46

1 料理のコンテストの話。

The judges had a difficult time deciding whose pie to give the first prize to.　　　（オリジナル）

設問 次の英文を和訳しましょう。　　解説　本冊 p.49

1 Whether changing the laws will help foreigners living in Japan remains to be seen.　　　（オリジナル）

2 Johnny opened the door and asked me if he could borrow my stapler.　　　（オリジナル）

3 The truth is, he's never talked about you.　　　（オリジナル）

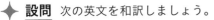 

❶ 🔩「世界の言語が偏って分布している」という話。

Perhaps how many people can live in a given location also shapes language diversity.

> [Coelho, M. T. P., & Gavin, M. (August 15, 2019). *Why are so many languages spoken in some places and so few in others? The conversation.*
> https://theconversation.com/why-are-so-many-languages-spoken-in-some-places-and-so-few-in-others-116573] を参考に作成

（名城大学／経営・経済・外国語・人間・都市情報）

- -

- -

- -

❷ He told the other members of the volleyball team when the next practice would be held. 　　　　　　　　（オリジナル）

- -

- -

- -

❸ I found professor Watson's explanation of how World War I started confusing. 　　　　　　　　　　　　（オリジナル）

- -

- -

- -

✦ **設問** 次の英文を和訳しましょう。　　　　　解説　**本冊** p.57

1 What I'm about to say is very important.　　　　（オリジナル）

- -

- -

2 I will always remember what you told me about following my dreams.　　　　　　　　　　　　　　　　　（オリジナル）

- -

- -

3 The Internet is what has changed society the most in the last 20 years.　　　　　　　　　　　　　　　　（オリジナル）

- -

- -

✦ **設問** 次の英文を和訳しましょう。　　　　　解説　**本冊** p.61

1 Whoever wins the presidential election will have to deal with the ongoing war.　　　　　　　　　　　　　（オリジナル）

- -

- -

2 You can choose whichever character you like when you start the game.　　　　　　　　　　　　　　　　（オリジナル）

- -

- -

◆ **設問** 次の英文を和訳しましょう。 解説 本冊 p.64

① A woman with a dog was jogging in the park this morning.

(オリジナル)

- -

- -

② Nikko Tosho-gu, a shrine dedicated to Tokugawa Ieyasu, is of cultural and historical importance. (オリジナル)

ナビ dedicated to 〜「〜に捧げられた」→「〜を祀った」

- -

- -

- -

◆ **設問** 次の英文を和訳しましょう。 解説 本冊 p.68

① There are plans to send illegal immigrants back to Mexico.

(オリジナル)

- -

- -

◆ **設問** 次の英文を和訳しましょう。 解説 本冊 p.71

① The company shipping the vehicle parts from China has notified us that they are behind schedule. (オリジナル)

- -

- -

- -

② A boy called Masato found my cat. （オリジナル）

- -

- -

✦ **設問** 次の英文を和訳しましょう。 解説 本冊 p.74

① The book report that Mr. Sanders asked us to do is due on Friday.
（オリジナル）

> ナビ the book report 「読書感想文」
> ナビ due 「締め切りで」

- -

- -

② She told us the reason why she wants to study artificial intelligence.
（オリジナル）

- -

- -

③ This is the hospital at which I was born. （オリジナル）

- -

- -

④ Danny became an artist many people look up to. （オリジナル）

- -

- -

◆ **設問** 次の英文を和訳しましょう。 | 解説 \ **本冊** p.78

1 He took the train for Takasaki and got off at Ueno. （オリジナル）

- -

- -

2 To charge his smartphone, Sam plugged it in. （オリジナル）

- -

- -

3 Remembering his doctor's appointment, he headed for the clinic.

（オリジナル）

- -

- -

◆ **設問** 次の英文を和訳しましょう。 | 解説 \ **本冊** p.82

1 You have to eat your vegetables whether you like them or not.

（オリジナル）

- -

- -

2 Whoever wins the presidential election, taxes will rise.

（オリジナル）

- -

- -

✦ **設問** 次の英文を和訳しましょう。　解説 **本冊** p.86

One thing we express when we speak is how what we say relates to where we are standing or sitting.

| Adapted from V. J. Cook It's All in a Word (London: Profile Books, 2009)

(宮崎大学／前期)

ナビ〉 how など「節」をつくるものは「sv を含むカタマリをつくる」「何節をつくるか？」を意識しよう

ナビ〉 relate to ～「～に関連している」

- -

- -

- -

✦ **設問** 次の英文を和訳しましょう。　解説 **本冊** p.89

🔖 最後の their chance は「チャンス」と訳してください（ちなみにこの「チャンス」というのは「仕事をきっかけにアメリカで生活するチャンス」のこと）。

More and more, jobs historically done by vacationing students are being taken by older Americans forced to extend their working lives, or foreigners looking for their chance.　(横浜市立大学／前期)

ナビ〉 いくつもある -ing と p.p. の働きを考えよう（working lives「労働できる時間」だけは決まり文句と考えてスルーして OK）

- -

- -

- -

- -

- -

◆ **設問** 次の英文の下線部を訳しましょう（人名はカタカナでOK）。

解説 本冊 p.92

Consider Study Sapuri, a Japanese enterprise started in 2011 within the multibillion-dollar information-service and staffing company Recruit Holdings. <u>Seeking to turn around Recruit's declining education business, Fumihiro Yamaguchi, a relatively new employee at the time, hatched a plan to create a website that helped students by giving them free access to study guides to university exams.</u>

| Gulati, R. (2019). "The soul of a start-up," Harvard Business Revieiw.

（慶応大学／環境情報）

ナビ〉 turn around は重要熟語だが、直訳から意味を予想してみよう

ナビ〉 hatch の本来の意味は「ふ化させる」だが、ここでの意味を予想してみよう

ナビ〉 access to ～「～への接近」→「～を利用する権利（利用できること）」

ナビ〉 study guides「学習教材」

設問 次の英文の下線部を訳しましょう。　解説　本冊 p.96

Our family dog Sandy is a golden retriever. <u>He sits in front of our</u>
<u>house all day waiting for someone to arrive and throw a stick for</u>
<u>him.</u> <u>Chasing sticks or tennis balls and bringing them back is the</u>
<u>major activity in his life.</u>

（甲南大学／文・理工・経済・法・経営・知能情報・マネジメント創造）

ナビ〉 waiting・Chasing・bringing の文法的役割を考えよう

ナビ〉 all day「一日中」　※副詞の役割

ナビ〉 stick「小枝」

The bear emerged from its den after staying there all winter long.

(オリジナル)

> ナビ〉「文型」を考えよう
> ナビ〉den「巣・ねぐら」
> ナビ〉all ～ long「～の間ずっと」（例：all day long「一日中」）

✦ **設問** 次の英文を和訳しましょう。　　解説 本冊 p.103

The book lay open on the desk. (オリジナル)

> ナビ〉文型を考えよう
> ナビ〉openの品詞を考えてみよう

✦ **設問** 次の英文を和訳しましょう。　　解説 本冊 p.105

◀▶ 文頭のLustig「ラスティグ」は学者の名前。

Lustig stresses that social media should be used carefully and strategically, and not as a replacement for interpersonal relationships. (早稲田大学／商)

> ナビ〉VとOをハッキリさせよう
> ナビ〉2つめのand以降は「省略」を考えよう

◆ **設問** 次の英文の下線部を訳しましょう。　　　解説 ＼ **本冊 p.108**

I enjoyed your story very much. <u>God has granted you a special talent</u>. It is now your duty to hone that talent, because a person who wastes his God-given talents is a donkey. 　　　（九州大学／前期）

> ［ナビ］ 文型を考えよう
> ［ナビ］ hone「磨きをかける」
> ［ナビ］ donkey「愚か者」（本来は「ロバ」の意味）

- -

- -

◆ **設問** 次の英文の下線部を訳しましょう。　　　解説 ＼ **本冊 p.110**

▶ 筆者は、庭にあるアリ塚を観察して自然界の偉大さを実感している。

<u>Ants can teach us what it takes to be a successful species</u>, a species that has successfully existed for tens of thousands of years.

（白百合女子大学／文）

> ［ナビ］ 文型を考えよう
> ［ナビ］ what は何節？
> ［ナビ］ it や to の働きは？

- -

- -

Seeing the testimonies of so many people who claimed that the nutritional supplement made them feel healthier induced Emma to purchase some pills for herself. （オリジナル）

ナビ〉 文型を考えよう

ナビ〉 Seeing 〜 は何節？

ナビ〉 testimony「証言・口コミ」

設問 次の英文を和訳しましょう。

解説 本冊 p.116

■□「遅刻に対する考えは文化によって違う」という話。

In a time-bound society like Britain, lateness is usually interpreted as a sign of poor discipline or rudeness, whereas in a time-blind society like Spain, it is more likely to be seen as a sign of status. In countries like Spain people see those who come very late as having high status.

（愛知大学／法）

ナビ a time-bound society は「時間に厳しい社会」、a time-blind society は「時間に緩い社会」

ナビ interpret や see を「知らない」つもりで考えてみよう

ナビ whereas の品詞は？（知らない場合はぜひ辞書でチェックを）

- -

- -

- -

- -

- -

- -

- -

- -

Of 827 suggestions received by the new boss of an American university for how the institution could be improved, 581 involved adding new things, such as more grants for studying abroad.

| The Economist, 2021

(三重大学／前期)

ナビ〉 メインのSVをよく考えよう

ナビ〉 institution「施設（ここでは大学を指す）」

ナビ〉 grant「補助金」

設問 次の英文を和訳しましょう。　解説　本冊 p.123

The impression that our lives speed up as we get older is so widespread that it has become conventional wisdom.

[Marc Wittmann, "Having children may make the years seem to pass more quickly," Psychology Today, 2021. Web ページ] を参考に作成

（東京農工大学／前期／農・工）

ナビ〉 SV を把握しよう

ナビ〉 同格の that に注意しよう

設問 次の英文を和訳しましょう。　解説　本冊 p.126

While NHK, which is taking advantage of its huge subscription fee income, creates high-quality dramas and variety shows, some have pointed out that programs broadcast recently by private terrestrial* TV stations have become boring.

※terrestrial：地上波放送の　　　　　　　　（大分大学／前期／教育）

ナビ〉 While がとる形を意識しよう

ナビ〉 SV を把握しよう

ナビ〉 broadcast は無変化動詞（broadcast-broadcast-broadcast）

✦ **設問** 次の英文を和訳しましょう。 解説 本冊 p.130

Crying is the only language newborn babies have to express their
emotions, or feelings. （中京大学／国際英語・心理・法・商）

> ナビ〉 英文を読むとき、have は「ハヴ」、「ハフ」のどっち？
> ナビ〉 emotions, or feelings「感情、つまり気持ち」

- -

- -

✦ **設問** 次の英文を和訳しましょう。 解説 本冊 p.133

▶ 学生の「成績評価方法 (grading methods)」に関する英文です。

Traditional grading methods still miss some of the non-cognitive
skills that research shows contribute to long-term success. There
may come a day when student assessment tools can be as
personalized as student learning experiences.

> Harper, A. (2019, February 15). Can ditching letter grades improve student learning
> and engagement? K-12 Dive. https://www.k12dive.com/news/can-ditching-letter-
> grades-improve-student-learning-and-engagement/548292/
> Will, M. (2019, February 5). Exploring ways to say so long to traditional letter grades.
> Education Week. https://www.edweek.org/teaching-learning/exploring-ways-to-say-
> so-long-to-traditional-letter-grades/2019/02

（国際教養大学／Ａ日程）

> ナビ〉 1文目の動詞が2つ続く shows contribute をどう考える？
> ナビ〉 2文目の come のSは何？

- -

- -

- -

- -

- -

- -

✦ **設問** 次の英文を和訳しましょう。 　　　　　解説 **本冊** p.136

💥 these rich electronic documents「このような色々な形で発信できる電子文書」

We'll be able to do things with these rich electronic documents we could never do with pieces of paper. （立命館大学／産業社会・文）

✦ **設問** 次の英文を和訳しましょう。 　　　　　解説 **本冊** p.139

💥 close-up「クロースアップ」と long-shot「ロングショット」は映画撮影での用語で、とりあえずそのまま和訳に使ってください。

Life is a tragedy when seen in close-up, but a comedy in long-shot.
（イギリスのコメディアンである Charlie Chaplin の言葉）

ナビ〉 when の後に省略されているものは？

ナビ〉 but 以下の文では何が省略されている？

設問 次の英文の下線部を訳しましょう。  解説　本冊 p.142

<u>The more neurotransmitters we have and the more frequent their signals, the stronger the connections between neurons become</u> — until the process begins to happen even without the help of neurotransmitters.

["The Digital-Era Brain", TIME The Science of Memory: The Story of Our Lives, pp.63-65, 2018] を参考に作成

（東京外国語大学／前期）

ナビ〉 neurotransmitter「神経伝達物質」

ナビ〉 neuron「ニューロン・神経細胞」

設問 次の英文を和訳しましょう。　解説　本冊 p.146

More and more Americans do speak Japanese, but most who do have studied it in schools prior to going to Japan to work.

（富山大学／前期）

ナビ〉 2つある do のそれぞれの働きは？

◆ 設問 次の英文を和訳しましょう。

解説 本冊 p.150

▟ カジノに関する英文で、ギャンブル依存症への対処についての内容です。

Singapore charges about $80 for each visit by citizens and monitors those who visit more than six times in a month.

| Anne T. Uppe "Casinos: High Stakes All Round?"（2017）

（慶応大学／経済）

ナビ〉 monitors の品詞は？

◆ 設問 次の英文を和訳しましょう。

解説 本冊 p.153

▟ Isaac Asimov「アイザック・アシモフ」は人名。

As Isaac Asimov says, 'Part of the inhumanity of a computer is that once it is competently programmed and working smoothly, it is completely honest' — unless, of course, it has been programmed to be dishonest.

（東京学芸大学／前期）

ナビ〉 and と that 以外に「3つの接続詞」を探してみよう

Much as I enjoyed American food, I couldn't last four days without an Indian meal.

（東京大学／前期）

ナビ〉 as の意味は？

ナビ〉 last の品詞は？

- -

- -

- -

◆ **設問** 次の英文の下線部を訳しましょう。 解説 本冊 p.160

marker は「マーカーペン」です。

A small classroom was set up with a table and two chairs. <u>In one chair sat the experimenter: Ms. Smith. On the table lay six markers.</u>

（関西大学／法・文・商・総合情報・社会安全）

ナビ〉 SV をしっかり意識しよう

- -

- -

- -

設問 次の英文の下線部を訳しましょう。

解説 本冊 p.163

▐▌ social interactions between human groups は「人間集団の社会的交流」と訳して
ください。

Many theories have outlined possible ways the world's languages
might have diversified. <u>Fundamental to all these theories is the idea</u>
<u>that languages are markers of social interactions between human</u>
<u>groups</u>.

[Coelho, M. T. P., & Gavin, M. (August 15, 2019). Why are so many languages spoken
in some places and so few in others? The conversation. https://theconversation.com/
why-are-so-many-languages-spoken-in-some-places-and-so-few-in-others-116573] を
参考に作成

（名城大学／経営・経済・外国語・人間・都市情報）

ナビ〉 Fundamental の品詞は？

ナビ〉 下線部の S は？

設問 次の英文を和訳しましょう。

解説 本冊 p.166

▐▌ 男女別に自由に話をさせる実験で、実験後に話の内容をふり返ってもらった、という話。

What the women were happy to call "gossip," the men defined as
"exchanging information."

（一橋大学／前期）

設問 次の英文を和訳しましょう。 　　　　　解説　本冊 p.170

Only after we've discovered a better way do we realize in retrospect that there was a problem to be solved. （京都府立大学／後期）

ナビ〉 Only の役割は？

ナビ〉 主節の SV を意識しよう

設問 次の英文を和訳しましょう。 　　　　　解説　本冊 p.174

However, in 2007, a theory was presented at an academic conference in Japan that allergic reactions can be suppressed by taking small amounts of food under the supervision of a specialized doctor.

Mainichi Japan, May 31, 2021, https://mainichi.jp/english/articles/20210531/p2a/00m/0sc/010000c

（鹿児島大学／前期）

ナビ〉 that の役割は？

ナビ〉 a theory はどんな理論？

◆ **設問** 次の英文を和訳しましょう。   解説 **本冊 p.177**

▞ 偉人の言葉なので訳が抽象的になって構いません。

Art washes away from the soul the dust of everyday life.

（Pablo Picasso の言葉）

ナビ〉 wash は他動詞だということを意識しよう

◆ **設問** 次の英文を和訳しましょう。   解説 **本冊 p.180**

▞ ジュースが健康に与える影響についての話。

Because juice can be consumed quickly, it is more likely than whole fruit to contribute to excessive carbohydrate intake.

"The fruit juice delusion" In the *New York Times* International Edition. Tuesday, July 10th, 2018. Opinion

（京都府立医科大学／前期）

ナビ〉 it が何を指すか考えよう
ナビ〉 likely がとる形を意識しよう

解説 本冊 p.183

✦ **設問** 次の英文を和訳しましょう。

Does it really help society, or the victim, or the victim's family, to put in jail a man who, while drunk at the wheel of his car, has injured or killed another person? （島根大学／前期）

ナビ〉 it と to の働きは？

ナビ〉 put の O は？

ナビ〉 while の後ろの構造に注意しよう

解説 本冊 p.188

✦ **設問** 次の英文を和訳しましょう。

The coal industry's development in the latter 18th century was triggered by several factors. （青山学院大学／経済）

ナビ〉 原因と結果の関係を把握しよう

✦ **設問** 次の英文を和訳しましょう。 　　解説　本冊 p.191

🔊 Generalizations は（訳さずに）そのまま使ってください。

Generalizations involve matching a category of people to a behavior
or trait. 　　　　　　　　　　　　　　　　　　　　　　（早稲田大学／商）

ナビ〉 involve をどう訳すと自然になる？

✦ **設問** 次の英文を和訳しましょう。 　　解説　本冊 p.196

The rise and fall of his chest told us that he was still alive.
　　　　　　　　　　　　　　　　　　　　　　　　　　　（オリジナル）

ナビ〉 できるだけ自然な和訳にしてみよう

✦ **設問** 次の英文を和訳しましょう。 　　解説　本冊 p.199

The application of artificial intelligence in the design of this vehicle
has resulted in a body that is much lighter but just as strong as the
old model's. 　　　　　　　　　　　　　　　　　　　　（オリジナル）

ナビ〉 v' を探そう

◆ **設問** 次の英文を和訳しましょう。

解説 **本冊 p.202**

■ Marie Curie は「マリー・キュリー」、Henri Becquerel は「アンリ・ベクレル」です。

Marie Curie's contribution to the development of the theory of radioactivity led to her sharing the 1903 Nobel Prize for Physics with her husband and Henri Becquerel. （オリジナル）

ナビ〉 訳がカタいところがあれば v' を探そう

ナビ〉 led は「つながる」よりも適切な訳がある

- -

- -

- -

- -

- -

◆ **設問** 次の英文を和訳しましょう。

解説 **本冊 p.206**

Nami's reluctance to meet new people caused her to be lonely at college. （オリジナル）

ナビ〉 be reluctant to ～「～したがらない」

- -

- -

設問 次の英文を和訳しましょう。　解説　本冊 p.209

I'm a great believer in the idea that relatively small changes in our nutritional status bring big benefits in the long term. （高知大学／前期）

ナビ〉「私は〜する人だ」なんて不自然な訳にしないように

ナビ〉nutritional status「栄養上の状態」

設問 次の英文の下線部を訳しましょう。　解説　本冊 p.212

英語学習で「文の並び替え問題」が効果的だという話。

The children may not necessarily know what the words mean at first, but they are developing an understanding of how to build a sentence in English.

Matthew Jenkin, "How handwriting is helping EAL pupils to leap the language barrier," *The Guardian*, Thursday 15 March 2018 <https://www.theguardian.com/teacher-network/2018/mar/15/handwriting-eal-pupils-language-barrier-teacher>)

（奈良教育大学／前期）

ナビ〉「理解力を発達させている」という訳は避けよう

◆ **設問** 次の英文を和訳しましょう。　　　　　　　　解説　本冊 p.215

▰▱ 「従来の『音楽は右脳で処理される』という説」に反し、新たな研究で「音楽は脳全体
　で処理されている」ことがわかったという話。

Through studies of people with brain damage, we've seen patients
who have lost the ability to read a newspaper but can still read
music, or individuals who can play the piano but lack the ability to
button their own sweater. 　　　　　　　　　　　　（お茶の水女子大学／前期）

ナビ〉 「能力を失った・能力を欠いた」でもいいが、さらに自然な和訳を目指そう

ナビ〉 read music「楽譜を読む」

◆ **設問** 次の英文を和訳しましょう。　　　　　　　　解説　本冊 p.220

▰▱ 「クモの糸は非常に強い物質だ」という話。

It's not just the material's exceptional strength that makes
spiderwebs so durable. 　　　　　　　　　　　　　　　　　（東京大学／前期）

ナビ〉 It's の役割は？

✦ 設問 次の英文の下線部を訳しましょう。

解説 本冊 p.224

▸ 3人の囚人の誰に仮釈放を出すか検討している（それぞれ審問時間は違い、1人目は午前8:50、2人目は午後3:10、3人目は午後4:25）。研究結果によると「犯罪の種類には関係なく、すべては仮釈放を検討する時間帯に関連があり、早朝のほうが仮釈放を得やすい」という話。

As a result, <u>it was only the man at 8:50 a.m. who was set free that day</u>, even though the man at 4:25 p.m. had committed the same crime with the same sentence.

| Based on John Tierney (2011, August 17). "Do You Suffer From Decision Fatigue?" *The New York Times.*

（慶応大学／総合政策）

ナビ〉 who の役割は？

- -

- -

- -

✦ 設問 次の英文の下線部を訳しましょう。

解説 本冊 p.227

Music, after all, is nothing more than a sequence of sound waves. So <u>what is it that allows those waves to touch us so deeply?</u>

（慶応大学／理工）

ナビ〉 is it that の役割は？
ナビ〉 touch「感動させる」

- -

- -

- -